Überzeugen im Business

Kurt Schmid

Überzeugen im Business

Wie Sie ein erstes Nein in ein entschiedenes Ja verwandeln – 12 Praxistipps

Kurt Schmid
Fanas, Schweiz

ISBN 978-3-658-36563-9   ISBN 978-3-658-36564-6   (eBook)
https://doi.org/10.1007/978-3-658-36564-6

Die Deutsche Nationalbibliothek verzeichnet diese Publikation in der Deutschen Nationalbibliografie; detaillierte bibliografische Daten sind im Internet über http://dnb.d-nb.de abrufbar.

Springer Gabler
© Der/die Herausgeber bzw. der/die Autor(en), exklusiv lizenziert durch Springer Fachmedien Wiesbaden GmbH, ein Teil von Springer Nature 2022
Das Werk einschließlich aller seiner Teile ist urheberrechtlich geschützt. Jede Verwertung, die nicht ausdrücklich vom Urheberrechtsgesetz zugelassen ist, bedarf der vorherigen Zustimmung des Verlags. Das gilt insbesondere für Vervielfältigungen, Bearbeitungen, Mikroverfilmungen und die Einspeicherung und Verarbeitung in elektronischen Systemen.
Die Wiedergabe von allgemein beschreibenden Bezeichnungen, Marken, Unternehmensnamen etc. in diesem Werk bedeutet nicht, dass diese frei durch jedermann benutzt werden dürfen. Die Berechtigung zur Benutzung unterliegt, auch ohne gesonderten Hinweis hierzu, den Regeln des Markenrechts. Die Rechte des jeweiligen Zeicheninhabers sind zu beachten.
Der Verlag, die Autoren und die Herausgeber gehen davon aus, dass die Angaben und Informationen in diesem Werk zum Zeitpunkt der Veröffentlichung vollständig und korrekt sind. Weder der Verlag noch die Autoren oder die Herausgeber übernehmen, ausdrücklich oder implizit, Gewähr für den Inhalt des Werkes, etwaige Fehler oder Äußerungen. Der Verlag bleibt im Hinblick auf geografische Zuordnungen und Gebietsbezeichnungen in veröffentlichten Karten und Institutionsadressen neutral.

Covermotiv: 3D character/shutterstock.com

Lektorat/Planung: Imke Sander
Springer Gabler ist ein Imprint der eingetragenen Gesellschaft Springer Fachmedien Wiesbaden GmbH und ist ein Teil von Springer Nature.
Die Anschrift der Gesellschaft ist: Abraham-Lincoln-Str. 46, 65189 Wiesbaden, Germany

Um was es geht

Ein Freund von mir war kürzlich auf Stellensuche. Keine einfache Sache mitten in der Corona-Pandemie. So erhielt er Absage um Absage. Er meinte dann: „Kurt, du musst mir helfen. Ich muss überzeugender werden. Ich komme zwar häufig in die Endrunde, aber schlussendlich erhalte ich dann doch immer eine Absage. Ich bin schlecht darin, mich zu verkaufen. Ich brauche bessere Argumente."

Sie haben diese Erfahrung sicher auch schon selbst gemacht, nicht nur bei der Jobsuche. Sie können die besten Argumente haben und kommen dennoch nicht ans Ziel. Überzeugen, jemanden dazu zu bringen, Ja statt Nein zu sagen, ist wie ein kleines Wunder. Und dieses Wunder ist möglich. Jeden Tag. Es ist aber nicht ein Ding, nicht eine Erkenntnis, die Ihnen hilft, von einem Nein zu einem Ja zu gelangen, sondern es sind verschiedene erlernbare Techniken, die Ihnen immer wieder die Türen öffnen.

In Teil I zeige ich Ihnen, dass Ihre Zweifel an Ihren Fähigkeiten zu überzeugen wahrscheinlich berechtigt sind. Sie können das heute schon ändern. Sie haben die Chance, richtig gut zu werden. In Teil II zeige ich Ihnen auf, wie Sie das bewerkstelligen, und in Teil III erläutere ich, wie Sie Ihre persönliche Note einbringen und auf diese Weise das erhalten, was Sie sich wünschen.

Das Buch enthält alles, was Sie wissen müssen, um erfolgreich zu überzeugen, aufbereitet in 12 einfachen Praxistipps und anhand von Dutzenden nachvollziehbarer Beispiele – die ich in meinem Privatleben und in meiner beruflichen Laufbahn erlebt habe. Wenn Sie die 12 Praxistipps anwenden, werden Sie das Wunder der Überzeugung erleben. Sie werden ein „Nein" erst in ein „Vielleicht" wandeln und dann in ein „Ja". Ich wünsche Ihnen viel Freude und Erfolg beim Umsetzen,

Ihr

Kurt Schmid, Zürich, im Dezember 2021

PS: Aus Gründen der besseren Lesbarkeit werde ich in diesem Buch auf die gleichzeitige Verwendung weiblicher, diverser und männlicher Sprachformen verzichten und das generische Maskulinum verwenden. Sämtliche Personenbezeichnungen gelten gleichermaßen für alle Geschlechter.

Denken Sie kurz nach. Haben Sie im Leben das erreicht, was Sie sich vorgenommen haben?

Und wenn nicht, inwieweit liegt es daran, dass Sie nicht gut darin sind, andere zu überzeugen?

Sie können das ändern. Dieses Buch stellt Ihnen 12 Praxistipps vor, wie Sie Menschen von Ihren Anliegen und Projekten überzeugen, und wie Sie auf diese Weise das erhalten, was Sie sich wünschen.

Der erste Überblick: Die 12 Praxistipps

Damit Sie schon an dieser Stelle einen ersten Überblick darüber bekommen, was Sie erwartet, erhalten Sie zu Beginn einen kurzen Einblick in die zwölf Praxistipps, die ich im weiteren Verlauf des Buches vertiefen und mit Beispielen anreichern werde.

Generell gilt: Testen Sie die Praxistipps. Spielen Sie damit und passen Sie diese Ihren eigenen Bedürfnissen an. Sie werden sehen, dass Sie künftig viel mehr Zustimmung erfahren werden.

Tipp 1: Haltung
Sie sind Ihre eigene kleine Werbeagentur.

Tipp 2: Wellenlänge
Sie können nur überzeugen, wenn Sie die gemeinsame Wellenlänge finden.

Tipp 3: Profiling
Sie können niemanden überzeugen, wenn Sie nicht wissen, was überzeugt.

Tipp 4: Mission Control
Sie können niemanden überzeugen, wenn Sie nicht wissen, was Sie wollen.

Tipp 5: Schlüsselversprechen
Sie können niemanden überzeugen, wenn Sie nichts versprechen.

Tipp 6: Touchpoints
Einmal ist keinmal. Nutzen Sie die Regel der 7 Kontakte.

Tipp 7: Der Pitch
Bringen Sie es auf den Punkt.

Tipp 8: Storytelling
Nichts ist so stark wie die Wahrheit. Besonders, wenn sie gut erzählt ist.

Tipp 9: Überraschen Sie
Damit verschaffen Sie sich Gehör.

Tipp 10: Einfachheit
Damit versteht man Sie.

Tipp 11: Gegenseitigkeit
Machen Sie Geschenke.

Tipp 12: Auswahl
Bieten Sie Alternativen und verhandeln Sie.

Inhaltsverzeichnis

Teil I Eine kurze Einführung in die Welt der Überzeugung

Eine kurze Einführung in die Welt der Überzeugung   3
1 Um was es geht   3
2 Wie ein kleiner Junge am ersten Verkaufsauftrag scheiterte   4
3 Was Überzeugen mit Ihrem Leben zu tun hat   6
4 Warum Ursula Wyss die Wahlen zur Stadtpräsidentin verlor   6
5 Braucht man das wirklich? Wirklich?   9
6 Was ein Taschenmesser mit Überzeugen zu tun hat   10
7 Die 4 Phasen der Überzeugung   11

Teil II Die Grundlagen der Überzeugung

Tipp 1: Haltung   17
1 Um was es geht   18
2 Was Picasso anders machte als van Gogh   18
3 Wie ein 18-jähriger Jamaikaner nur knapp der Todesstrafe entrann   20
4 Was man nicht sagt, existiert nicht   21

5 Träume müssen ausgesprochen werden 22
6 Die Erkenntnis: Stehen Sie zu Ihren Anliegen und vertreten Sie diese 27

Tipp 2: Wellenlänge 29
1 Um was es geht 30
2 Wie sich Hillary Clinton die Präsidentschaft verbaute 30
3 Wie wir einen Kunden erst verloren und dann wiedergewannen 31
4 Wie mich Sir Frank überzeugte, ihm unsere Firma zu verkaufen 34
5 Sie finden (fast) immer eine Gemeinsamkeit – suchen Sie weiter 37
6 Verleugnen Sie sich nicht 39
7 Die Erkenntnis: Die richtige Wellenlänge ist genauso wichtig wie gute Argumente 40

Tipp 3: Profiling 43
1 Um was es geht 44
2 Warum man Oprah Winfrey keine teure Tasche verkaufen wollte 45
3 Wie Sie mit 4 Aspekten ein aussagekräftiges Profil erstellen können 46
4 Profiling eines europäischen Fürstenhauses 46
5 Die Erkenntnis: Versetzen Sie sich in die andere Person 48

Tipp 4: Mission Control 51
1 Um was es geht 52
2 Wenn Ihr Chef Ihre Arbeit nicht wertschätzt 53
3 Wie mich Nestlé überrumpelte 54
4 Wie Sie den Kompass ins Spiel bringen 61
5 Wie mich ein Konzernchef aus der Fassung brachte 64
6 Die Erkenntnis: Mission Control ist der Kompass zum Erfolg 66

Tipp 5: Schlüsselversprechen 69
1 Um was es geht 70
2 Nutzen Sie das Bild der Waage 70

3 Welche Schlüsselversprechen die Entscheidungs-Waage kippen
 können 72
4 Über Barrieren: Der hässliche VW Käfer 74
5 Über Werte: Kraftvoller Treiber bei Entscheidungen 76
6 Wie Sie mit 60 einen Job finden 79
7 Die Erkenntnis: Mit drei Schlüsselversprechen ins Schwarze
 treffen 83

Tipp 6: Touchpoints 85
1 Um was es geht 86
2 Wie ein Start-up-Unternehmer seine Zweifler überzeugte 88
3 Wie wir aus einem Großbanken-Pitch eine Kampagne machten 93
4 Wie Flippern Ihnen im Alltag helfen kann 95
5 Wie die Zeugen Jehovas erfolgreich flippern 96
6 Die Erkenntnis: Es ist eine Kampagne – nicht nur ein Pitch 97

Tipp 7: Der Pitch 99
1 Um was es geht 100
2 Wie die Gewinnformel lautet 101
3 Wie ein Pitch für WWF aussehen könnte 103
4 Die Erkenntnis: Bringen Sie es auf den Punkt 105

Teil III Überzeugen in Aktion

Tipp 8: Storytelling 109
1 Um was es geht 109
2 Wie ich vor Langeweile fast vom Stuhl gefallen bin 110
3 Geschichten aus der Welt des Geschichtenerzählens 112
4 Die Grimm-Technik und wie sie funktioniert 120
5 Die Erkenntnis: Es sind Geschichten, die bleiben, nicht
 Argumente 123

Tipp 9: Überraschen Sie — 125
1 Um was es geht — 125
2 Die Blase zum Platzen bringen — 126
3 Warum Überraschungen Aufmerksamkeit auslösen — 128
4 Geschichten mit überraschenden Momenten — 129
5 Die Erkenntnis: Überraschen Sie – so werden Sie (wieder) gehört — 137

Tipp 10: Einfachheit — 141
1 Um was es geht — 141
2 Wie ein Redner seine Zuhörer verlor — 142
3 Gibt es Dinge, die man nicht vereinfachen kann? — 144
4 Die Erkenntnis: KISS – Keep It Simple and Stupid — 145

Tipp 11: Gegenseitigkeit — 147
1 Um was es geht — 147
2 Was ich von einer Bündner Bergbäuerin gelernt habe — 148
3 Bringt ein Mini-Nähset wirklich mehr Spenden? — 149
4 Wie 1 Kilo Pralinés verschlossene Türen öffneten — 152
5 Wie die Pharmabranche mit Geschenken die Ärzte manipuliert — 154
6 Die Erkenntnis: Wenn Sie etwas geben, erhalten Sie etwas zurück — 155

Tipp 12: Auswahl — 157
1 Um was es geht — 157
2 Die Panik vor einem Ja — 158
3 Laut, leise oder medium — 159
4 Alternativen sind gut fürs Geschäft — 159
5 Wie Sie Ihren Chef mit drei Optionen überzeugen — 160
6 Die Erkenntnis: Ermöglichen Sie eine Auswahl — 161

Epilog und Management Summary — 163

Die 12 Tipps als Übersicht — 165

Wem ich danken möchte — 169

Über den Autor

Kurt Schmid ist Unternehmer und hat zusammen mit drei Partnern in einem Management Buy-out die Kommunikationsagentur GGK übernommen, die mit der weltweiten Swissair-Werbung global expandierte. Nach dem MBO hat er viele Jahre die Schweizer Niederlassung des globalen Kommunikationsnetzwerks Lowe & Partners Worldwide geleitet und hat anschließend die Digitalagentur Bricks & Wide gegründet. Er war Präsident des Verbandes der Schweizer Kommunikationsagenturen „BSW, Leading Swiss Agencies". Als Social Entrepreneur und als Stiftungsratspräsident von WWF Schweiz engagiert er sich für gesellschaftlich relevante Fragen. Seit mehr als zehn Jahren trainiert er Teams in Unternehmen und Organisationen in der Fähigkeit, zu überzeugen und Zustimmung für ihre Projekte zu finden.

Teil I

Eine kurze Einführung in die Welt der Überzeugung

Eine kurze Einführung in die Welt der Überzeugung

Inhaltsverzeichnis
1 Um was es geht 3
2 Wie ein kleiner Junge am ersten Verkaufsauftrag scheiterte 4
3 Was Überzeugen mit Ihrem Leben zu tun hat 6
4 Warum Ursula Wyss die Wahlen zur Stadtpräsidentin verlor 6
5 Braucht man das wirklich? Wirklich? 9
6 Was ein Taschenmesser mit Überzeugen zu tun hat 10
7 Die 4 Phasen der Überzeugung 11

1   Um was es geht

Sind Sie gut darin, andere zu überzeugen? Ja? Meine Glückwünsche. Dann erhalten Sie immer, was Sie wollen. Nein? Dann werden Sie das tun müssen, was andere von Ihnen erwarten. Das kann über die Zeit frustrierend sein und auch verletzend. Muss das so bleiben? Nein. Ich habe keinen Zweifel daran, dass Sie im Überzeugen richtig gut werden können. Überzeugen ist keine Kunst, sondern eher wie ein Sport, den man erlernen kann, wie zum Beispiel Tennis, Skifahren oder Segelfliegen. Ohne Techniken bleiben Sie am Boden haften und machen kleine Sprünge. Die 12 in diesem Buch vorgestellten Praxistipps verhelfen Ihnen zu längeren und höheren Sprüngen. Sie zweifeln daran? Ich verstehe das. Sie haben solche Sprünge vielleicht bisher nicht erlebt, denn niemand hat Ihnen diese Techniken beigebracht. Sie haben aber nun mit diesem Buch eine Chance, die Sie nutzen sollten.

Ich könnte die Tipps nun in Form eines Rezeptbuches schreiben, indem ich einfach meine Empfehlungen aneinanderreihe. Ich befürchte allerdings, bei Ihnen würde nicht viel hängen bleiben. Viel besser ist es, wenn ich die Praxistipps mit Geschichten und Anekdoten von meinen Erfolgen und Misserfolgen verbinde und aufzeige, was ich daraus gelernt habe. Mein erster Misserfolg trat früh ein, um genau zu sein: mit sieben Jahren.

2 Wie ein kleiner Junge am ersten Verkaufsauftrag scheiterte

Ich war sieben Jahre alt, als ich meinen ersten Verkaufsauftrag erhalten hatte. Ich gebe es zu. Ich bin an der Aufgabe gescheitert, kläglich. Ich war zwar erst sieben, aber das Debakel wäre vermeidbar gewesen, hätte ich damals ein paar Dinge gewusst. Wie jeden Herbst kam ein Bauer aus der Region vorbei und hat bei uns Früchte von seinem Hof verkauft. Meistens waren es Äpfel. Aber dieses Jahr waren es Zwetschgen. Das Jahr war ein besonders reiches Zwetschgenjahr. Sein Wagen war voll beladen mit dunkelblauen, fast violetten, reifen, süßen Zwetschgen. Und so hat der Bauer meine Mutter dazu überredet, viel mehr Zwetschgen zu kaufen, als wir als Familie hätten essen können. So stand nun mein Vater vor diesen Berg Zwetschgen und überlegte sich, was damit zu tun wäre. „Nun, mein Junge", sagte er, „jetzt gehst du zum Sutter rüber und verkaufst ihm ein paar Kilo." Dann begann er im Korb zu wühlen und drückte mir ein paar Zwetschgen in die Hand. „Diese zeigst du dem Sutter, damit er weiß, was er kauft. Er soll gleich ein paar Kilo nehmen." Mit diesen Zwetschgen in der Hand zog ich los, läutete beim Sutter, streckte ihm die Zwetschgen hin und sagte: „Wir haben zu viele Zwetschgen. Mein Vater sagt, Sie sollen ein paar Kilo kaufen." Er nahm eine davon in die Hand, drückte etwas darum herum, biss hinein, verzog sein Gesicht und legte sie mir wieder in die Hand. „Nein, die sind nicht reif", sagte er, ging und schloss die Tür hinter sich. Ich stand noch lange da, drückte ebenfalls an den Zwetschgen herum, biss hinein, spuckte sie gleich wieder aus und dachte: Seltsam, die Zwetschgen vom Bauern waren doch alle so schön, tiefblau, reif und süß, weshalb hat mir mein Vater die unreifen Früchte mitgegeben? Ich denke häufig an jenen Moment vor der geschlossenen Tür zurück. Ich habe mich geschämt, für mich, für meine Zwetschgen, meinen Vater, ja meine ganze Familie. Und womöglich habe ich – viel später – eine Antwort für die merkwürdige Zwetschgenauswahl gefunden: Mein Vater wollte nicht, dass ihm der Sutter später einmal vorwirft, er hätte nur die schönsten Zwetschgen gezeigt und verheimlicht, dass auch unreife dabei waren.

Jetzt fragen Sie vielleicht, was diese Geschichte mit Ihnen zu tun hat. Sie sind schließlich erwachsen und haben in Ihrem Leben viel erreicht, viele Menschen überzeugt, und für die Dinge, die Sie nicht erreicht haben, gibt es gute Gründe. Die Frage ist nun: Wie wäre es, wenn einige der Dinge, die Sie nicht erreicht haben, mit Ihrer Fähigkeit zu überzeugen zu tun hätten? Den Job, den Sie nicht erhalten haben. Die Beförderung, bei der Sie übersehen wurden. Den Kunden, den Sie nicht gewonnen haben. Die Firma, die Sie nie gegründet haben. Die Mitarbeitenden bzw. Ihr Team, das sich gegen Sie gewendet hat. Hätte all dies anders laufen können, wenn Sie dies anders angepackt hätten? Die Frage ist wichtig: für Ihre Zukunft und alles, was Sie noch planen und vorhaben. Lassen Sie uns das nachfolgend gemeinsam untersuchen.

3 Was Überzeugen mit Ihrem Leben zu tun hat

Ich stelle jetzt eine These auf, als Denkanstoß. Machen Sie eine kurze Pause und denken Sie darüber nach. Sie werden beim Nachdenken Erstaunliches über sich erfahren, das garantiere ich Ihnen. Die These lautet wie folgt: Sie sind in Ihrem Leben genau so weit gekommen, wie Ihre Fähigkeit zu überzeugen ausgereicht hat. Oder anders ausgedrückt: Die Grenze Ihrer Fähigkeit zu überzeugen, ist gleichzeitig die Grenze Ihrer persönlichen und beruflichen Möglichkeiten. Sie können diese Grenze der Möglichkeiten nicht überschreiten, wenn Sie nicht die Fähigkeit zu überzeugen ausweiten.

Dieses Buch setzt sich mit dieser Grenze auseinander und zeigt auf, wie Sie diese Grenze ausweiten und verschieben können. Denn viele Projekte scheitern nicht daran, dass sie schlecht sind, sondern weil die Kommunikation schlecht ist, und vielen Projekten wird zugestimmt, weil sie gut kommuniziert werden, und nicht, weil sie besonders vielversprechend sind. Viele Politiker werden nicht deswegen wiedergewählt, weil sie Großes geleistet haben, sondern, weil sie das Wenige, das sie geleistet haben, großartig kommuniziert haben.

Leider ist es so, dass gerade talentierte und engagierte Persönlichkeiten den Zusammenhang zwischen Erfolg und guter Kommunikation nicht sehen wollen. Sie sind der Meinung, dass sie durch ihre Leistung überzeugen wollen, nicht durch ihre Kommunikationsfähigkeiten. Sie zahlen dafür einen hohen Preis, wie Sie gleich an einem Beispiel sehen werden.

4 Warum Ursula Wyss die Wahlen zur Stadtpräsidentin verlor

Im Dezember 2016 habe ich Ursula Wyss (*1973) in der Berner Altstadt zum Frühstück getroffen. Sie war Kandidatin für das Amt als Berner Stadtpräsidentin und hatte gerade den ersten Wahlgang hinter sich. Sie lag mit 29,1 % der Stimmen deutlich, aber nicht unerreichbar hinter Alex von Graffenried, der auf 32,5 % der Stimmen kam. Ursula Wyss ist durch und durch eine Senkrechtstarterin. Mit 24 Jahren wurde sie in den Berner Großrat gewählt und zwei Jahre später in den Nationalrat. Ihre politischen Schwerpunkte auf nationaler Ebene lagen in der Umwelt-, Klima- und Energiepolitik, in der Europa- sowie der Bildungspolitik. Auf städtischer Ebene legte Ursula Wyss den Fokus auf die Förderung des Fußgänger- und Radverkehrs. Sie war an diesem Morgen voller Zuversicht für die zweite Runde. Schlussendlich fanden ihre politischen Vorstöße und Ansichten in Bern breite Zustimmung. Ihr war aber auch bewusst, dass sie an ihrem Vorgehen etwas ändern musste. Sie galt bei der eher gemächlichen Berner Bevölkerung als distanziert, als zu ehrgeizig, als Person, der es nie gelungen ist, die Herzen der Berner und Bernerinnen zu gewinnen, während ihr Gegner, Alex von Graffenried, eine Charmeoffensive führte und früh in der Mitte Allianzen bildete. In seinen politischen Ansichten war er pragmatisch, bis hin zur Unverbindlichkeit.

Ursula Wyss fragte mich, ob ich ihr einige Tipps geben könne, die sie zum Sieg führen könnten. Als Zürcher hatte ich den Wahlkampf in Bern nur aus der Ferne betrachtet und hielt mich mit konkreten Vorschlägen zurück. Ich habe ihr aber empfohlen, die Vorurteile, die man ihr entgegenbringt, anzusprechen, statt sie als ungerechtfertigt abzutun, und aufzuzeigen, was sie stattdessen in die Waagschale werfen könne – zum Beispiel ihre Authentizität, Sachkompetenz und ihren Fokus auf eine nachhaltige Stadtentwicklung. Sie hörte mir aufmerksam zu. Ich erklärte ihr, dass es zudem Kommunikationstechniken und Methoden gebe, die sie besser nutzen könne, und gab ihr einen Einblick in meine Arbeitsweise und Trainings. Ich merkte, dass sie immer ruhiger wurde und ihr das Gespräch unter die Haut ging. Sie rückte den Stuhl etwas zurück und sagte schlussendlich: „Schau mal Kurt, ich möchte die Wahlen mit meiner Politik gewinnen, nicht mit Kommunikationstechniken." „Das ist, als ob du im Sportwettkampf sagst, ich möchte mit meinen Sprüngen überzeugen, nicht durch meine Sprungtechnik", entgegnete ich. Ich hatte einen Tag vorher gerade ein Interview der neuen Junioren-Weltmeisterin im Weitsprung gelesen, Katharina Mary Johnson-Thompson, und wies sie darauf hin, wie selbst für eine naturbegabte Leichtathletin, wie es Johnson-Thompson ist, erst die Aneignung der besten Sprungtechniken Erfolg und Ehre brachten. Für Bestleistungen braucht es vieles, einen starken Willen und Talent, aber ohne Technik und Training liegt das Potenzial brach oder bleibt unterentwickelt. Am 15. Januar war der zweite Wahlgang. Ursula Wyss verlor die Wahlen mit einem Stimmenanteil von 42,09 % deutlich. Alex von Graffenried wurde mit einem Glanzresultat von 57,91 % zum neuen Stadtpräsidenten gewählt. Schade, dachte ich, Ursula Wyss hätte Bern einen großen Schritt weitergebracht.

Ist Überzeugen etwas Schlechtes?
Menschen, die so denken, fühlen sich so, als ob sie ihre Seele verkaufen würden, wenn sie andere überzeugen müssen. Sie gehen davon aus, dass die Sache für sich sprechen muss. Natürlich sind diese Menschen dann bei Ablehnung enttäuscht. Bei einem Nein zweifeln sie an ihrem Projekt, an ihrer Idee, statt an ihrer Fähigkeit, zu kommunizieren und zu überzeugen. Damit verhindern sie, ihre Kommunikationsfähigkeit zu entfalten und weiterzuentwickeln. Das ist bedauerlich, weil gerade diese Personen etwas zu geben und zu sagen hätten.

Überzeugen ist nicht Manipulieren
Der Skepsis gegenüber Überzeugungskommunikation und den Methoden dahinter begegne ich immer wieder, wenn ich über meine Arbeit und meine Vorschläge spreche. Man möchte mit seiner Leistung überzeugen, nicht mit Worten. Doch selbst das beste Produkt wird im Markt ohne Kommunikation keinen Erfolg haben. Es sind nicht immer die besten politischen Programme, die gewinnen, sondern die, die am überzeugendsten vertreten wurden. Es erhalten nicht immer diejenigen Menschen, die es am meisten verdient hätten, Beförderungen, Lohnerhöhungen und Boni, sondern diejenigen, die ihre Forderungen am besten und überzeugendsten vertreten. Es werden nicht immer die Projekte mit dem höchsten Nutzen gefördert, sondern diejenigen, die am besten „verkauft" wurden. Es erhalten nicht immer die besten Start-ups Gelder, sondern die mit den besten Präsentationen. Man könnte die Liste hier endlos fortsetzen. Ob Sie das nun mögen oder nicht, spielt hier leider keine Rolle. Für den Erfolg braucht es ein starkes „Produkt" und starke Kommunikation – darum geht es in diesem Buch.

Natürlich kann ich die Skepsis gegenüber Überzeugungskommunikation verstehen. Der Übergang zur Manipulation ist fließend. Vereinfacht formuliert ist Manipulation ein schlechtes Produkt stark kommuniziert. Beispiele gibt es genügend. Überzeugungskommunikation ist wie künstliche Intelligenz, sie ist weder gut noch schlecht. Man kann sie zum Nutzen aller Menschen einsetzen oder zum Nutzen einiger weniger und zur Unterdrückung vieler. Sie brauchen aber nicht zu manipulieren, um zu überzeugen. Beim Manipulieren wird viel geredet, beim Überzeugen wird viel zugehört.

5 Braucht man das wirklich? Wirklich?

„Das ist ja alles gut und schön und klingt spannend und einleuchtend", sagen Sie sich vielleicht, „aber ich bin nicht gut darin, meine Anliegen zu vertreten." Kann man Überzeugen wirklich lernen? Ist es nicht eher so, dass Überzeugen eine Frage des Charakters ist? Dieser zeichnet sich doch schon in frühen Jahren ab. Die Eloquentesten werden dann Politiker, Pfarrer, Fernsehmoderatoren, Anwälte, Schauspieler oder vielleicht Verkäufer, alles extrovertierte Persönlichkeiten, die gerne auftreten, sich gerne reden hören und darin auch wirklich gut sind. „Das bin ich nicht", sagen Sie sich vielleicht, „und werde es auch nie sein."

„Und dann gibt es eine zweite Gruppe", meinen sie vielleicht, „diese Menschen sind introvertierter und damit zurückhaltender. Sie schweigen eher, als dass sie sprechen. Diese werden dann IT-Spezialisten, Statistiker, Analysten, Forscher, Buchhalter, Treuhänder, Physiotherapeutinnen, Laborassistentinnen, Sozialarbeiter oder vielleicht Fluglotsen. Die alle brauchen das alles nicht mit dem Überzeugen. Das ist nicht ihr Job." Irrtum. Die Ansprüche und Anforderungen sind in allen Berufen gewachsen. Es gibt keinen Beruf, bei dem die Fähigkeit zu überzeugen keine Vorteile bringen würde. Ich war kürzlich in der Physiotherapie und sagte meiner Therapeutin nach zwei Sitzungen, dass ich die Therapie abbreche, weil meine Achillessehnen nicht mehr schmerzen würden. Ich hatte mir fest vorgenommen aufzuhören. Aber meine Physiotherapeutin konnte mich überzeugen, dass ich alle neun Stunden nehme, wie dies mein Arzt verordnet hatte. Sie hat das sehr beiläufig gemacht, aber außerordentlich geschickt. Sie hat mir dann erklärt, dass viele ihrer Patienten mittendrin aufhören wollen, entweder, weil sie keine Fortschritte sähen oder sich die Störung von selbst lege. Wenn sie die Patienten dann nicht überzeugen könne zu bleiben, wäre dies für sie und die Patienten ein großes Problem.

Kurzum: Kommunikation gehört heutzutage zu den erwarteten Fähigkeiten fast aller Berufe.

6 Was ein Taschenmesser mit Überzeugen zu tun hat

Ich frage jeweils meine Kursteilnehmenden, welche Techniken der Überzeugung sie kennen. Die meisten sagen dann: „Zuhören können." Oder: „Man muss sein Gegenüber kennen. Je mehr man über sie oder ihn weiß, desto besser kann man ihn oder sie überzeugen." Das sind schon gute Antworten. Aber leider reicht es nicht. Es reicht nicht aus, gut zuhören zu können, um zu überzeugen oder die Bedürfnisse und Wünsche seines Gegenübers zu kennen. Wer immer nur zuhört, läuft Gefahr, dass sein Anliegen „entführt" wird und dass man die Anliegen des Gegenübers übernimmt.

Andere Kursteilnehmende erwähnen Hartnäckigkeit oder Charme. Oder, dass man rhetorisch gut sein und die richtigen Argumente haben muss. Viele haben sich die Frage noch nie gestellt. Jedoch: Es ist eben nicht nur ein Aspekt, den es zu beachten gilt. Es ist eine Kombination von Techniken, die helfen, für Ihre Projekte Zustimmung zu finden.

Am besten kann ich Ihnen meine Überlegungen am Beispiel eines Schweizer Taschenmessers aufzeigen. Ja, Sie können eine Weinflasche mit der Nagelfeile öffnen. Das ist durchaus möglich. Und Ja, Sie können den Deckel einer Bierflasche an der Klavierkante abschlagen und die Konservendose mit einem spitzen Stein aufbrechen, die Schraube mit einer Münze aufdrehen und das Seil durchbeißen. Diese Methoden sind möglich. Aber sind sie auch effektiv? Sie werden es bleiben lassen. Sie werden die Flasche Wein stehen lassen, auf das Bier verzichten, die

Schraube nicht eindrehen, die Erbsendose stehen lassen. Dies alles, weil das geeignete Instrument fehlt. Das Taschenmesser dagegen enthält mehrere unterschiedliche Klingen, die Sie je nach Aufgabe einsetzen können: das Messer zum Brotschneiden, den Flaschenöffner für das Bier, den Schraubenzieher, um eine Schraube anzuziehen. Genauso ist es mit dem Überzeugen. Je nach Situation brauchen Sie unterschiedliche Instrumente und Techniken, in bestimmten Situationen gleich mehrere gleichzeitig.

7 Die 4 Phasen der Überzeugung

Wenn Sie nun aber der Meinung sind, dass Sie einfach Ihr Überzeugungstaschenmesser zücken und die Menschen zu einem Ja drücken können, dann täuschen Sie sich. Es gibt neben den Techniken noch einen weiteren Aspekt, den Sie in Betracht ziehen müssen: Erfolgreiche Überzeugung durchläuft vier Phasen.

Ich möchte Ihnen diese unterschiedlichen Phasen der Überzeugung an einem einfachen Beispiel vorstellen.

Wie Sie eine zögernde Nachbarin zu einem Konzert einladen
Stellen Sie sich folgende Situation vor: Sie haben zwei Tickets für ein Rolling-Stones-Konzert gekauft, für sich und Ihre Partnerin. Diese hat an diesem Abend allerdings unerwartet eine dringende geschäftliche Besprechung und kann Sie nicht begleiten. Sie möchten aber nicht alleine hingehen und beschließen, Ihre Nachbarin einzuladen, die gerade eingezogen ist. Sie kennen sie noch nicht so gut, finden sie aber sympathisch; zudem haben Sie eine Rolling-Stones-Platte in ihren Umzugskartons gesichtet. Die Nachbarin hatte jedoch vor, am Abend die restlichen Umzugskisten auszupacken und ihre Sachen einzuräumen. Und Sie wollen sie nun überzeugen, mit Ihnen auf ein Konzert zu gehen? Das klingt herausfordernd. Um Ihr Ziel zu erreichen, müssen Sie nun vier Phasen der Überzeugung durchlaufen und dürfen keine auslassen, sonst werden Sie wahrscheinlich scheitern.

1. **Verbinden**
Sie können niemanden überzeugen, wenn Sie nicht auf einer ähnlichen Wellenlänge sind. Es muss erst eine Verbindung zur Person bestehen oder zu der Gruppe von Menschen, die Sie überzeugen wollen. Ohne diese Verbindung haben Sie keine Chance. Es ist, als ob Sie einen Fluss überqueren müssten. Erst müssen Sie die Brücke bauen, sonst kommen Sie nicht auf die andere Seite. In diesem Fall ist die Brücke die Tatsache, dass die Nachbarin offenkundig die Rolling Stones mag. Diese Gemeinsamkeit bringen Sie nun ins Spiel.
   Im Prozess des Überzeugens kann diese Phase am meisten Zeit in Anspruch nehmen und am meisten Energie kosten. Im Falle der Nachbarin besteht eine Wellenlänge schon. Betonen Sie dies in Ihrem Gespräch.
2. **Information**
In dieser Phase müssen Sie sagen, um was es geht. Nur wenn die Person das versteht, wenn sie die Fakten hat, kann sie auch entscheiden und zustimmen. Sie sagen nun: Das ist doch klar. Mach ich doch. Nein. Machen Sie wahrscheinlich nicht oder nicht immer. Viele Anstrengungen scheitern, weil nicht klar gesagt wird, um was es geht. Im Falle des Konzertes geht es darum, dass Sie wünschen, dass die Nachbarin Sie begleitet, und dass Sie für sie ein Gratisticket haben, da Ihre Partnerin Sie nicht begleiten kann.
3. **Versprechen**
Die Tatsache, dass sie nun weiß, um was es geht, wird sie nicht unbedingt dazu bringen, Sie zu begleiten. Sie möchte heute Abend die Kisten auspacken und einräumen. Sie müssen ihr also einen Nutzen aufzeigen, der größer ist als eingeräumte Schränke. Sie gehen vielleicht davon aus, dass der Nutzen offensichtlich ist – in diesem Fall ein Gratisticket zu einem begehrten Konzert. Reicht das aus? Vielleicht nicht. Möglicherweise müssen Sie mehr bieten und mehr versprechen. Lassen Sie sich etwas einfallen. Vielleicht ist es das letzte Konzert der Rolling Stones. Vielleicht haben Sie die besten Sitzplätze. Vielleicht versprechen Sie ihr, morgen beim Einräumen zu helfen. Die kraftvollste Art und Weise, einen Nutzen aufzuzeigen, ist in Form eines Versprechens.

4. Einladen

Viele Menschen zögern nun, den letzten Schritt zu machen, nämlich den, zu einer Entscheidung einzuladen, weil sie Angst vor einem Nein haben. Für dieses Zögern zahlen sie einen hohen Preis, weil jegliche Klarheit verloren geht. Weil sie so nie wissen, wo sie stehen, und so ihre Zeit unnütz vergeuden. Laden Sie die Person zu einer Entscheidung ein: zu einem Ja oder einem Nein. Lassen Sie die Entscheidung nicht offen. Die Einladung zu einer Entscheidung soll nicht aufdringlich sein, am besten sogar ganz beiläufig. Sie wollen die Person nicht unter Druck setzen. Im Falle des Konzertes denken Sie vielleicht noch an eine andere Person, die Sie fragen könnten. Dafür brauchen Sie von Ihrer Nachbarin aber eine Antwort.

Nun, wo Sie verstanden haben, dass Sie es schaffen können, und Zuversicht gewonnen haben, kommen wir zur Sache, zu den ersten 7 Praxistipps, die Ihnen helfen werden, das zu erreichen, was Sie sich wünschen.

Teil II

Die Grundlagen der Überzeugung

Die 7 Techniken, die Türen öffnen
Sie glauben, mit guten Argumenten überzeugen zu können? Wirklich? Ich behaupte, es sind mehrere Dinge, die zusammenkommen müssen, um von einem Nein zu einem Ja zu gelangen. In diesem Teil stelle ich Ihnen nun die ersten 7 Praxistipps vor, die Ihnen die Türen zur Zustimmung öffnen.

Tipp 1: Haltung
Tipp 2: Wellenlänge
Tipp 3: Profiling
Tipp 4: Mission Control
Tipp 5: Schlüsselversprechen
Tipp 6: Touchpoints
Tipp 7: Der Pitch

Tipp 1: Haltung
Sie sind Ihre eigene kleine Werbeagentur

Inhaltsverzeichnis

1 Um was es geht 18
2 Was Picasso anders machte als van Gogh 18
3 Wie ein 18-jähriger Jamaikaner nur knapp der Todesstrafe entrann 20
4 Was man nicht sagt, existiert nicht 21
5 Träume müssen ausgesprochen werden 22
6 Die Erkenntnis: Stehen Sie zu Ihren Anliegen und vertreten Sie diese .. 27

Ich zeige Ihnen auf, wie wichtig es ist, dass Sie Ihre Zurückhaltung ablegen und für sich und Ihre Anliegen eintreten. Niemand steht für Sie ein, wenn Sie es nicht selber tun. Wenn Sie für Ihre Anliegen einstehen, wird sich Ihr Leben verändern. Ich werde dies an mehreren Beispielen aufzeigen.

1 Um was es geht

Sie können nicht überzeugen, wenn Sie nicht bereit sind, für Ihre Anliegen einzustehen und dafür zu kämpfen, wenn es notwendig ist. Dafür lade ich Sie ein, neu zu definieren, wer Sie sind. Sie sind kein Handlanger einer größeren Macht, Ihres Arbeitgebers zum Beispiel oder des Verwaltungsrates, Ihrer Partei, Ihres Partners oder Ihrer Familie und führen treu das aus, was man von Ihnen erwartet. Sie sind selbst der Boss in Ihrem Leben. Sie sind von heute an Ihr eigenes kleines Kommunikationsunternehmen, Ihre eigene Werbeagentur mit der Mission, für Ihre Anliegen und Projekte einzustehen und Ihr Umfeld dafür zu gewinnen.

Verzagen Sie aber nicht, wenn es nicht gleich klappt. Bleiben Sie dran und gehen Sie unerschütterlich weiter.

2 Was Picasso anders machte als van Gogh

In den zehn Jahren seines Schaffens hat Vincent van Gogh mehr als 900 Gemälde und über 1000 Zeichnungen geschaffen. Doch ist Ihnen bewusst, dass van Gogh zu Lebzeiten gerade einmal zwei Bilder verkauft hat? Man sagt zudem, sie wurden nur aus Mitleid gekauft. Genau genommen wollten kein einziger Kunsthändler und keine Privatperson seine Bilder haben. Entweder waren die Bilder zu dunkel oder in den späteren Jahren zu grell. Heute liest sich das geradezu absurd. Van Goghs Bilder gehören zu den gesuchtesten und teuersten der Welt. Auf Auktionen brechen sie regelmäßig alle Rekorde. Am künstlerischen Talent von Van Gogh lag es also nicht, dass er nicht verkaufte, sondern vor allem an seiner von Schwermut geprägten Haltung.

Picasso hingegen riss man seine Bilder buchstäblich aus der Hand, was immer er auch dafür verlangte. Picasso verstand sich als sein eigenes Kommunikationsunternehmen. Er liebte es, in den Medien zu stehen, zu dozieren und zu provozieren. Die Hauptsache war, man sprach über ihn.

Haben Sie sich auch schon gefragt, wie es kommt, dass man Ihren Kollegen befördert hat und nicht Sie, obwohl Sie die gesteckten Ziele erreicht und sogar übertroffen haben? Wieso hat ein Ihnen völlig unbekannter Kollege die Professur bekommen und nicht Sie, obwohl Sie regelmäßig publiziert haben und Ihre Vorlesungen bis auf den letzten Platz besetzt sind? Wieso hat der Gemeinderat die Geschwindigkeitsbegrenzung auf 30 km/h abgelehnt, obwohl sie der Gemeinde nur Vorteile gebracht hätte? Wieso verweigert der Verwaltungsrat die Erhöhung des Forschungs- und Entwicklungsbudgets, obwohl jetzt schon klar ist, dass die bestehenden Patente bald auslaufen? Wieso haben die Kollegen und Kolleginnen nicht Ihrem Projektvorschlag zugestimmt, sondern dem eines neuen Mitarbeiters, obwohl dieser die wirklichen Probleme im Unternehmen nicht kennt?

Ich glaube, es hätte alles anders kommen können. Sie hätten gewinnen können, aber hätten für Ihre Anliegen jemanden gebraucht, der für Sie einsteht – sich selbst.

Es gibt Menschen, die nie sagen, was sie denken, die nie sagen, was sie sich wünschen, die nie sagen, was ihre Haltung zu bestimmten Fragen ist. Sie versuchen nie, andere von ihrer Meinung, ihren Idealen, Ideen und Projekten zu überzeugen. Sie schweigen, passen sich an und arrangieren sich mit dem Ergebnis, aus unterschiedlichen Gründen. Sie wollen nicht aufdringlich sein oder auffallen. Sie finden Ihre Meinung sowie sich selbst unbedeutend und haben vielleicht Angst vor der Konfrontation oder suchen Harmonie. Sie haben sich ihre Meinung zu etwas oft noch nicht gebildet. Sie sind noch zu wenig informiert.

Andere wiederum sind gut darin, sich für die Anliegen der anderen zu engagieren, für ihren Arbeitgeber zum Beispiel, aber miserabel, wenn es um sich selbst geht. Dinge geschehen mit ihnen anstatt durch sie. Sie sind Zuschauer in ihrem eigenen Lebensdrama statt Akteure. Es sieht auf den ersten Blick bequem und angenehm aus, keine Verantwortung für ein Ergebnis zu übernehmen, keine Konflikte zu haben, keinen Streit, sondern Frieden und Harmonie. Doch sie zahlen dafür einen hohen Preis: Sie verlieren das Selbstbewusstsein und werden übergangen.

Ich lade Sie in nun dazu ein, zu Ihrer Meinung und Ihrer Haltung zu stehen und diese zu vertreten – immer. Schlimmstenfalls wird man Sie kritisieren. Oder man wird zu Ihren Vorschlägen Nein sagen. Stellen Sie sich der Debatte. Stellen Sie sich den Herausforderungen. Nur so können Sie sich entwickeln. Nur so können Sie lernen. Nur so erkennen Sie die

Schwächen Ihrer Argumentation. Betrachten Sie eine Auseinandersetzung als notwendigen Lernprozess zur Meisterschaft.

Wenn Sie zu Ihren Überzeugungen stehen, gewinnen Sie an Haltung, Form und Persönlichkeit – wie Picasso. Sie werden überraschende und unerwartete Ergebnisse erzielen, wie in dem folgenden Beispiel, in dem großes Unrecht vermieden wurde, weil eine Person – im Angesicht von Widerstand – eine Haltung angenommen hat.

3 Wie ein 18-jähriger Jamaikaner nur knapp der Todesstrafe entrann

Im Jahre 1959 hat Sidney Lumet den Film „Die 12 Geschworenen" gedreht. Er basiert auf einer wahren Begebenheit und zeigt, wie sich 12 Geschworene – alles weiße Männer – zur Beratung zurückziehen, um den Fall eines 18-jährigen Jamaikaners zu beschließen, der angeklagt ist, seinem Vater ein Messer in den Rücken gestoßen und ihn umgebracht zu haben. Der Ankläger hat in seinem kurzen Plädoyer die Schuld des Angeklagten bewiesen. Die Beweislast ist erdrückend. Für die Geschworen ist der Fall klar: Der junge Jamaikaner ist des Mordes schuldig und gehört auf den elektrischen Stuhl. Große Beratung braucht es dafür nicht, meinen die Geschworenen. In einer Stunde sollte die Sache erledigt sein. Sie hatten ja auch noch anderes zu tun. Am Abend gab es ein entscheidendes Baseballmatch, der eine wollte zu einer Geburtstagsfeier, ein anderer musste noch zurück ins Büro. „Also schnell entscheiden, abstimmen und dann nichts wie weg hier", schlägt einer der Geschworenen vor. Sie wollen das Ganze nicht hinauszögern und beschließen gleich abzustimmen. Das Ergebnis: schuldig, schuldig, schuldig, schuldig, schuldig, schuldig, schuldig, nicht schuldig, schuldig, schuldig, schuldig, schuldig. Elfmal schuldig, einmal nicht schuldig. „Oh Mann, einer ist immer dabei", stöhnt einer der 12 Geschworenen gehässig. Die 11 Geschworenen sehen ihren freien Abend davonschwimmen. „Der Mann ist schuldig und niemand wird mich vom Gegenteil überzeugen, auch wenn ich eine ganze Woche in diesem stickigen Raum ausharren muss", empört sich einer der 12 Geschworenen. „Glauben Sie denn wirklich, dass der Mann unschuldig ist?", fragen die verärgerten Geschworenen den Abtrünnigen. „Nein, nicht wirklich. Aber wir können ja nicht einen Mann auf den elektrischen Stuhl bringen, nur weil wir heute Abend einen Baseballmatch schauen wollen."

Der Film zeigt nun, wie es dem Geschworenen Nummer 12 gelingt, einen Meinungsumschwung herbeizuführen und einen Freispruch zu erwirken. Wie macht er das? Er glaubt daran, dass man mit einem offenen Gespräch Vorurteile offenlegen und so einen Meinungsumschwung bewirken kann, auch in ausweglosen Situationen. Er übernimmt nicht einfach die Vorurteile der anderen 11 Geschworenen. Er möchte darüber reden, wie er sagt, und die Annahmen und Aussagen des Anklägers hinterfragen. Er möchte sich ein eigenes Urteil bilden. Nur widerwillig lassen sich die Geschworenen auf ein Gespräch ein. Punkt für Punkt gehen sie die „unerschütterlichen" Beweise durch und stellen fest, dass es überall Löcher und Widersprüche gibt, und dass viele davon auf Falschaussagen beruhen. Im Gespräch zeigt sich ein ganz neues Bild der Tat, das so ganz anders aussieht als das des rassistisch gesinnten und ehrgeizigen Anklägers, der einen leichten Treffer erzielen wollte. Im Laufe des Gespräches machen die Geschworenen immer wieder Zwischenabstimmungen. Immer mehr bröckelt die Gewissheit an der Schuld des jungen Angeklagten. Erst sind es 3 Geschworene, die für unschuldig plädieren, dann 5, dann 8, dann 10 und schlussendlich kommen alle 12 Geschworenen zum Schluss, dass der angeklagte Jamaikaner unschuldig ist. Man muss sich vorstellen, was passiert wäre, hätte nicht einer der Geschworenen das Wort ergriffen. Oder anders formuliert: Es hat eine mutige Person mit Haltung gebraucht, um ein großes Unrecht zu verhindern.

4   Was man nicht sagt, existiert nicht

„Wenn Sie nicht für Ihre Anliegen einstehen, wer macht es denn sonst?" Diese mehr rhetorisch gemeinte Frage habe ich an einem Mittagsseminar für Führungskräfte der Schweizer Großbank UBS geäußert. Eine Teilnehmerin hat sich von meiner Frage angesprochen gefühlt, geschmunzelt und wohl mehr scherzhaft gesagt: „Meine Mutter. Sie steht immer für mich ein." Doch nicht alle haben das Glück, eine solche Person in ihrem

Leben zu haben. Die meisten müssen für sich selbst einstehen. Dazu muss man im richtigen Moment schweigen und zuhören und im entscheidenden Moment reden. Ihre Gedanken und Träume verändern nichts, wenn Sie diese nicht äußern und mittels Sprache ausdrücken. Was man nicht sagt, existiert nicht. Viele Projekte, die gut sind, werden nicht realisiert, weil wir sie nicht kommunizieren. Viele Dinge, die wir nicht wollen, passieren, weil wir unsere Haltung nicht vertreten.

Stellen Sie sich vor, der Geschworene Nr. 12 hätte geschwiegen, weil er sich dem Gruppendruck gebeugt hätte. Oder weil er gedacht hätte, man würde sich schon arrangieren. Die Menschen sind zu stark mit sich selber und ihren eigenen Wünschen und Vorstellungen beschäftigt, als dass sie bereit sind, sich mit Anliegen anderer auseinanderzusetzen. Ihre Vorschläge, Ideen, Gedanken existieren nur, wenn Sie sie in Worte fassen und aussprechen. Ihre Bilder im Kopf, Ihre Träume und Wünsche, Ihre Ängste und Befürchtungen sind für die anderen nicht ersichtlich, auch wenn diese für Sie in Ihren Träumen durchaus real sind.

5 Träume müssen ausgesprochen werden

Träumen Sie nicht von einer besseren Zukunft. Träumen Sie nicht von Ihren Projekten und Ideen. Engagieren Sie sich dafür. Sprechen Sie darüber. Ich verspreche Ihnen, wenn Sie Ihre Anliegen und Projekte kommunizieren, „geht plötzlich die Post ab". Wie Sie gleich lesen werden.

Vor einigen Jahren habe ich eine Gruppe von Menschen zusammengeführt, die alle eine Idee oder ein Projekt hatten, einen Traum vielleicht, mit der Absicht, diesen irgendwann einmal in ihrem Leben zu realisieren. Aber richtig daran glauben konnten und wollten sie nicht. So blieben die Projekte unausgesprochen und verkümmerten. Die Barrieren und Hindernisse schienen zu mächtig und die Aussichten auf Erfolg zu mager. Das Ziel meines Projektes war es, die Teilnehmenden dazu zu bringen, nicht nur von ihren Projekten zu träumen, sondern diese auch tatsächlich umzusetzen.

Ich habe bei mir selber und bei Kollegen und Kolleginnen beobachtet, dass wir mit dem Einstieg ins Berufsleben, besonders aber mit der Gründung einer Familie häufig unsere eigenen Ideale, Projekte und Ideen zurückstellen. Wir gerieten ins Hamsterrad des Berufslebens. Wir machen vielleicht Karriere. Wir verdienen Geld und gründen eine Familie. Wir kaufen ein Haus und erleben unsere ersten Krisen. Wir rappeln uns wieder auf und machen weiter. Doch irgendwann tauchen Fragen auf: Wo sind eigentlich meine eigenen Projekte geblieben? Was hat mich davon abgehalten, meine eigene Firma zu gründen? Wieso habe ich mir so wenig Zeit für meine Familie und meine Freunde genommen? Wieso habe ich meinen Plan einer Weltumsegelung nie umgesetzt? Dann stellen wir ernüchtert fest, dass wir mehr vom Leben getrieben wurden, als dass wir es gestaltet haben.

Diese Beobachtungen haben mich dazu geführt, das Experiment „Beyond" zu starten. Ich wollte herausfinden, ob es möglich ist, Menschen dazu zu bewegen, ihre Träume in konkrete Projekte zu verwandeln, wenn man sie dabei unterstützt. Die Ergebnisse waren erstaunlich und wirken noch heute nach. So habe ich einige Menschen angerufen, von denen ich dachte oder annahm, dass sie ein Projekt hatten, und sie eingeladen, an diesem Experiment teilzuhaben. Schlussendlich hatte ich eine Gruppe von zwölf Teilnehmenden zusammen. Nur wenige der zwölf Personen hatten vor, ihr Projekt auch tatsächlich umzusetzen. Für sie waren es mehr vage Träume. Wir haben uns dann drei Monaten lang jede zweite Woche zu einem Austausch getroffen.

Träume und Projekte
Da war beispielsweise Martina, eine junge Frau, die in ihrem Job unglücklich war und den Traum hegte, ihren Job ruhen zu lassen, eine lange Reise durch alle Kontinente der Erde zu machen und neuen Menschen und Kulturen zu begegnen. Nicht in Form von Ferien, kein Sabbatical. Sie hat sich das genau überlegt und hatte für sich zwei Bedingungen formuliert. Erstens: Die Reise sollte kein bestimmtes Rückkehrdatum haben, also keinen reservierten Rückflug, und zweitens sollte sie nicht zu einem Job zurückkehren, der auf sie wartete. Gleichzeitig war dieser Plan mit enormen Existenzängsten verbunden.

Michaela war in der Ausbildung zur Tierärztin. Ihr Projekt war es, in ihre Heimat Brasilien zurückzukehren und sich für bedrohte Tierarten einzusetzen. Das Projekt sollte aber einen kommerziellen Hintergrund haben, eine Art Impact Investment, in Form einer riesigen Farm, wo bedrohte Tiere ungestört leben konnten. Überzählige Tiere dürfte man allerdings jagen und deren Erzeugnisse, wie z. B. Fleisch, Fell oder Haut, kommerziell nutzen.

Peter, ein junger Pastoralreferent war frustriert von den Leerläufen in der Kirche und deren Scheinheiligkeit und träumte von einem Job in der Privatwirtschaft.

Pierre trat der Piratenpartei in der Schweiz bei. Sein Projekt war es, die Partei im Kanton zu fördern und in den Großrat gewählt zu werden. Andrea, eine junge Journalistin und Pferdeliebhaberin, wollte nicht weiter das Pferd eines älteren Pferdebesitzers ausreiten, sondern ihr eigenes Pferd haben. Sie wusste auch genau, welches. Ein Araberhengst musste es sein.

Stefan wollte Bern positiv verändern und zu einer Begegnungsstadt machen, wo sich Alte, Junge, Ausländer und Schweizer treffen und austauschen. Dafür müsste man handyfreie Zonen und Verbote von kulturellen Veranstaltungen im öffentlichen Raum aufheben. Straßenmusiker sollten ungehindert auftreten können. Um das zu realisieren, dessen war er sich bewusst, müsste er ein politisches Amt anstreben, zumindest im Stadtrat, noch besser als Stadtpräsident.

Und dann war da Jos Kohn. Er studierte Physik und stand kurz vor dem Abschluss. Er sagte: „Ich möchte auf dem Berg Moléson eine Sternwarte bauen." Thomas liebte Literatur, vor allem Poesie, und wollte seine Leidenschaft mit anderen teilen. „Doch wer interessiert sich schon für Poesie?", meinte er. Sein Projekt war einfach. Er wollte Poesieabende veranstalten, eine Gruppe von Gleichgesinnten finden und zusammenbringen.

Ich hörte einfach zu und ließ die Teilnehmenden ihr Projekt beschreiben, und zwar so, als ob es schon eingetreten wäre. Wir haben uns dann jede zweite Woche getroffen, um die Entwicklung der einzelnen Vorhaben gemeinsam zu begleiten und um uns bei Widerständen und Zweifeln gegenseitig zu ermutigen.

Eine neue Selbstwahrnehmung

Sehen Sie, liebe Leserinnen und Leser, einen einzigen Grund, weshalb diese Projekte nicht umgesetzt werden könnten? Was uns daran hindert, sind unsere eigenen Zweifel, die so weit gehen, dass wir uns nicht einmal trauen, die Projekte in Worte zu fassen. Die Projekte bestehen dann aus Bildern in unseren Träumen. Wenn wir unsere Projekte nicht in Worte fassen und mit anderen teilen, verkümmern sie. Um ein Projekt umzusetzen, müssen wir zuerst uns selbst und dann unser Umfeld davon überzeugen. Für den Erfolg, das wusste ich aus meinem Beruf, brauchte es bei allen Teilnehmenden eine Änderung der Selbstwahrnehmung. Diese Selbstwahrnehmung habe ich in den Mittelpunkt meiner Erkenntnisse gerückt. Es ist die eine und wichtigste Empfehlung, die ich auch meinen Kunden in meinen ersten Meetings und Gesprächen gebe: „Versteht euch ab heute als euer eigenes Kommunikationsunternehmen, als eure eigene Werbeagentur, mit einer Mission, euer Projekt erfolgreich zu kommunizieren, zuerst einmal gegenüber euch selber, dann gegenüber euren Freunden und Angehörigen und dann im breiteren Umfeld."

Die regelmäßigen Treffen waren sehr erfolgreich. Zwar haben nicht alle der Teilnehmenden ihr Projekt auch tatsächlich umgesetzt. Aber alle haben verstanden, dass der Gedanke, sein eigenes Kommunikationsunternehmen zu sein, eine ganz neue Lebensperspektive gibt. Einige haben ihr Projekt tatsächlich realisiert. Am Anfang, im ersten Gespräch, war ihr Projekt noch vage wie in Nebel gehüllt oder wie ein Mosaik, in dem Teile fehlen. Indem sie ihr Projekt in Worte gefasst haben, wurde es plötzlich konkret. Sie konnten die Realisierbarkeit nun prüfen. Das Bild wurde schärfer. Der Nebel verflüchtigte sich. Die Mosaikteile fügten sich zu einem Gesamtbild zusammen.

Was ist aus den Projekten geworden?
Mit einigen der Teilnehmenden stehe ich auch heute noch in Kontakt. Von ihnen weiß ich, dass sie ihr Projekt umgesetzt haben. Andere habe ich aus den Augen verloren.

Martina hat ihre lange Reise tatsächlich gemacht. Sie hat ihren gut bezahlten Job gekündigt, ein One-Way-Ticket nach Delhi gekauft und von dort aus weiter geplant. Einen Rückflug hat sie, wie sie sich vorgenommen hatte, nicht gebucht. Die Reise dauerte vier Jahre und führte durch Asien, Afrika und Mittelamerika. Stefan hat als Stadtpräsident in Bern kandidiert und ein beachtliches Resultat erzielt, in Anbetracht dessen, dass er keiner Partei angehörte und dass sein Budget nicht mehr als einige Hundert Schweizer Franken betrug. Es ist ihm zwar nie gelungen, in ein politisches Amt gewählt zu werden, aber er engagiert sich noch heute in seinem „Straßentheater", wie ich es nenne, für mehr Begegnungen in der Stadt und mehr Kultur. Andrea, die junge Journalistin, hat ihren Kindheitstraum realisiert und ihr eigenes Pferd gekauft. Nicht irgendein Pferd. Nein, einen jungen Araberhengst. Thomas hat Poesieabende veranstaltet. Er hat in der Altstadt von Bern jeweils mittwochabends einen Raum gemietet und hat gleichgesinnte Teilnehmende dazu eingeladen, ein Gedicht vorzulesen und ihre Gedanken dazu zu äußern.

Jos hat die Firma Astro-Events gegründet und hat sich als Astronaut beworben
Das Projekt von Jos habe ich enger begleitet. Er hat die Sternwarte auf dem Moléson nie gebaut. Dafür fehlte ganz einfach der politische Wille in der Region. Er hat ein viel größeres Projekt gestartet, die Astro-Events. „Wenn die Leute nicht zu mir auf den Moléson kommen können, gehe ich zu ihnen, wo immer sie sind." So hat er verschiedene Bergrestaurants angefragt, ob sie interessiert wären, Astro-Events zu starten, ein Event mit Sternschauen, verbunden mit einem Abendessen und einer Übernachtung. Vor Covid hat er pro Jahr Dutzende von Astro-Events durchgeführt mit über 2000 Gästen pro Jahr. Alle profitieren davon: die Bergrestaurants, die so abends und nachts Umsatz schaffen können, die mehr als 20 Hobby-Astronomen, die für Jos arbeiten, und er selbst, der nun mit seiner Leidenschaft für Astronomie Geld verdient, dann aber auch die Tausende von Gästen, die durch die Astro-Events eine unvergessliche Reise ins Universum erleben können. Jos hat den Gedanken, seine eigene Werbeagentur zu sein, vollumfänglich umgesetzt. Ohne diese Treffen hätte es die Astro-Events nie gegeben, meint er jedes Mal, wenn er mich zu einem Austausch trifft. Dieses Jahr hat sich Jos bei der European Space Agency für die Ausbildung als Astronaut beworben, als Vorbereitung für den Einsatz in der Internationalen Raumstation. Die Reise geht also weiter.

6 Die Erkenntnis: Stehen Sie zu Ihren Anliegen und vertreten Sie diese

Sie erinnern sich, Vincent van Gogh hat zu Lebzeiten gerade einmal zwei Bilder verkauft. Diese wurden jedoch eher aus Mitleid gekauft. Erst nach seinem Tod wurde er als Künstler auch in breiteren Kreisen wahrgenommen. Picasso dagegen verstand sich als Kommunikationsunternehmen, zeigte Haltung und stand für sich und seine Arbeit ein. So ist es kein Wunder, dass man ihm seine Bilder schon in jungen Jahren aus den Händen riss, zu fantastischen Preisen. Große Unternehmen setzen heute professionelle Werbeagenturen dazu ein, ihre Produkte begehrenswert zu machen, oder PR-Agenturen, um ihr Image in der Öffentlichkeit zu pflegen. Künstler arbeiten mit Galerien zusammen, Politiker setzen professionelle „Spin-Doctors" ein, um sie wählbar zu machen. Schriftsteller haben Verlage, die ihre Bücher promoten. Angeklagte haben einen Anwalt, der ihre Unschuld beweisen oder ein für sie mildes Urteil erzielen soll. Doch wer setzt sich für Ihre Anliegen ein? Vielleicht Ihre Eltern, gute Freunde, ein reicher Onkel oder ein Bruder, Menschen also, die Ihre Interessen über die eigenen stellen? Ja, wenn Sie Glück haben. Wenn das aber alles fehlt, dann haben Sie immer noch den besten Unterstützer, die beste Unterstützerin, die Sie sich vorstellen können: sich selbst. Niemand kann so viel Interesse an Ihrem Erfolg haben wie Sie selbst.

Was es dafür braucht ist, dass Sie eine neue Sichtweise dazu einnehmen, wer Sie sind. Dass Sie sich die Erlaubnis geben und den Auftrag erteilen, sich selbst zu vertreten. Dass Sie zu Ihren Ideen stehen und sich trauen, diese auch umzusetzen. Dass Sie sich als ihr eigenes kleines Kommunikationsunternehmen sehen, als Ihre eigene kleine Werbeagentur, mit einer Aufgabe, Ihre Interessen zu vertreten und andere von Ihren Ideen, Projekten und Anliegen zu überzeugen. Stellen Sie sich vor, was möglich würde, wenn Sie dies wirklich umsetzen würden. Sie würden das erhalten, was Sie sich wünschen. Sie hätten Erfolg. Wäre das so schlimm? In den nachfolgenden Kapiteln stelle ich Ihnen nun die besten Techniken vor, die Ihnen als kleine Werbeagentur zur Verfügung stehen.

Tipp 2: Wellenlänge
Sie können nur überzeugen, wenn Sie die gemeinsame Wellenlänge finden

Inhaltsverzeichnis

1 Um was es geht 30
2 Wie sich Hillary Clinton die Präsidentschaft verbaute 30
3 Wie wir einen Kunden erst verloren und dann wiedergewannen 31
4 Wie mich Sir Frank überzeugte, ihm unsere Firma zu verkaufen 34
5 Sie finden (fast) immer eine Gemeinsamkeit – suchen Sie weiter 37
6 Verleugnen Sie sich nicht 39
7 Die Erkenntnis: Die richtige Wellenlänge ist genauso wichtig wie gute Argumente 40

Ich zeige Ihnen auf, dass die besten Argumente versagen, wenn es Ihnen nicht gelingt, mit der Person, die Sie überzeugen wollen, eine gemeinsame Wellenlänge zu finden, und ich gebe Ihnen Tipps, wie Sie das schaffen.

1 Um was es geht

Es kann sein, dass dieser Praxistipp für Sie der wichtigste im ganzen Buch ist. Es kann sein, dass Sie dadurch verstehen werden, weshalb viele Ihrer Anläufe scheitern, obwohl Sie ein wertvolles Anliegen haben und obwohl Sie gut und überzeugend argumentieren. Die Antwort auf Ihr Anliegen ist dennoch: „Nein!" Was für eine Enttäuschung. „Warum?" fragen Sie sich. Meistens erhalten Sie darauf keine Antwort. Wenn Sie aber darauf bestehen, dann vielleicht folgende: „Ihre Vorschläge waren zwar gut, doch die Chemie hat nicht gestimmt." Haben Sie das auch schon gehört? Ein „Killerargument". Was kann man schon machen, wenn die Chemie nicht stimmt? Es bringt in diesem Fall nicht viel, einfach so zu tun, als ob alles in Ordnung wäre, und weiterzumachen. Ich werde in diesem Kapitel aufzeigen, wie wichtig es ist, dass Sie mit der Person, die Sie überzeugen wollen, eine gemeinsame Wellenlänge finden. Aber kann man tatsächlich immer eine gemeinsame Wellenlänge finden, auch wenn man mit der Person wenig Gemeinsames hat? Lassen Sie uns das untersuchen, und dann werde ich Ihnen einige Anregungen geben, wie Ihnen dies gelingen kann. Doch zuerst führe ich Sie in den Wahlkampf in die USA und dann zurück nach Europa, zu unseren Präsentationen bei Walter Schnellmann von Bico und der Geschichte, wie ich einen Auftrag erst vermasselte und dann erfolgreich zu Ende brachte.

2 Wie sich Hillary Clinton die Präsidentschaft verbaute

Am 9. September 2016 hielt Hillary Clinton, die Präsidentschaftskandidatin der Demokraten, 60 Tage vor der Wahl in den USA auf einer Veranstaltung eine Rede. Die Rede war stark und fand die ungeteilte Zustimmung und Begeisterung ihrer Zuhörenden. Doch für Hillary Clinton war die Rede eine Katastrophe, der Anfang des Endes ihrer Präsidentschaftskandidatur. In der Rede teilte sie die Anhänger von Donald Trump in zwei Körbe. „Der eine Korb enthält anständige Amerikaner", sagte sie. „Der zweite Korb ist ein „basket of deplorables", eine Ansammlung von

Jammerlappen, von Rassisten und Sexisten. Sie sind homophob und fremdenfeindlich." In ihrem Buch „What Happened" meinte Clinton, dass diese Aussage einer der Faktoren für ihre Wahlniederlage war. Es lag nicht an ihrer Politik. Es lag nicht an ihren politischen Fähigkeiten, ihrem Sachverstand, ihrem Wissen, ihrer Kompetenz, ihrer Erfahrung, dass sie die Wahlen verlor. Sie hat den richtigen Draht zu den Menschen nicht gefunden, die früher zu den Kernwählern der Demokraten gehörten, den Arbeitern im Rostgürtel der Vereinigten Staaten, die durch den Wegzug der großen Industriefirmen ihre Zukunft verloren. Es lag daran, dass sie sich auf einer ganz anderen Wellenlänge befand als die Menschen, die für ihre Wahl wichtig waren. Ein TV-Moderator hat an einer Debatte die berechtigte Frage gestellt: „Wie können Sie das Land vereinen und versöhnen, wenn Sie Millionen von Amerikanern einfach abschreiben?" Ausgerechnet ein Politneuling, ein Milliardär, ein Immobilien-Tycoon hat die Herzen dieser Menschen gewonnen. Donald Trump hatte die Wellenlänge gefunden, auf der er die Menschen erreichte. Hatte er etwas Gemeinsames mit diesen Menschen? Nicht die Spur, und dennoch hat er den richtigen Draht zu ihnen gefunden. Das ist Amerika. Was dort im Großen geschieht, geschieht hier jeden Tag, im Kleinen. Nachfolgend ein Beispiel aus meinem Berufsleben.

3 Wie wir einen Kunden erst verloren und dann wiedergewannen

Der Matratzenhersteller Valora hatte eine große Vision und wollte Marktführer im europäischen Markt mit einer gesamteuropäischen Matratzenmarke werden. Das Unternehmen kaufte zu diesem Zweck erst die traditionelle Matratzenfirma Bico, die mit ihrem Slogan „Für än tüüfä gsundä Schlaf" jeder Schweizer Familie vertraut war, dann weitere Matratzenfirmen in Deutschland, Frankreich und Großbritannien mit der Absicht, Synergien in Produktion, Marketing und Werbung zu erzeugen und so den Erfolg von Bico auf Europa zu übertragen. Unsere Agentur wurde in einem Wettbewerb ausgewählt, eine paneuropäische Kampagne für diese Marken zu entwickeln. Im Nachhinein muss ich sagen, das Ansinnen war wahnwitzig und unerreichbar. Die Schlafgewohnheiten sind in jedem Land anders. Valora ist mit dem Plan dann auch deutlich gescheitert. Wir dachten zu der Zeit, man könnte die unterschiedlichen Schlafgewohnheiten umgehen, indem wir nicht vom Schlafen reden, sondern von der Konstruktion der Matratzen und deren Unterbau. Die Grundlagen dazu sind überall ähnlich. So haben wir einen Vergleich mit der Natur gezogen, in der Vögel die besten Nester bauen: wetterfest, klimaschonend, umweltfreundlich, kühlend im Sommer, wärmend im Winter. Die Webervögel zum Beispiel sind unübertreffliche Bettenbau-Architekten und -Ingenieure. „Wir haben unsere Bettentechnologie der Natur abgeschaut", sagten wir in unserer Kampagne. „Die Natur ist eine der besten Baumeisterinnen." Dieser Gedanke, so dachten wir, ist grenzüberschreitend gültig. Die Marktforschung hat diese Erkenntnis bestätigt. „Der strategische Gedanke ist tragend, einleuchtend und Erfolg versprechend", sagte das Marktforschungsinstitut. So erhielten wir von der Zentrale das OK für die Lancierung der Vogelnestbau-Kampagne. Die Kampagne sollte in der Schweiz starten, dann auf andere Länder ausgeweitet werden.

Der CEO von Bico, Walter Schnellmann, war entsetzt. Er fand, dass unser Vorschlag die Marke Bico nicht fördern würde: „Bico ist bodenständig und direkt und benötigt keinen Vergleich mit der Natur. Diese Kampagne ist Blödsinn, reine Geldverschwendung", meinte er. Er hatte wohl recht, bezogen auf die Schweiz und die Marke Bico, aber wir konnten und wollten das nicht zugeben. Schließlich ging es hier nicht nur um die Schweiz, sondern um die Vision einer europäischen Marke und dafür musste man die einzelnen Marken in Europa hinter eine Idee scharen und das erforderte eine Umpositionierung. Doch ohne seine Zustimmung war das nicht möglich. Und so versuchten wir, ihn von der Vogelnestbau-Kampagne zu überzeugen, führten Anpassungen für die Schweiz durch und präsentierten sie bei ihm in Schänis. Das Gespräch war ein totales Debakel. Schnellmann war frustriert über die Absicht der Zentrale „Bico unter den Bus zu werfen", wie er das ausdrückte. Er wendete sich während unserer Präsentation demonstrativ ab und schaute genervt aus dem Fenster.

Wir fanden den richtigen Draht zu ihm nicht. Wir betrachteten uns nicht als seine Agentur, sondern als die der Zentrale. Die Meetings verliefen unangenehm und feindselig. Wenn Walter Schnellmann in der Agentur anrief, wussten wir, dass es Streit gibt. Niemand wollte antworten. Niemand wollte zurückrufen. Die Situation war völlig blockiert. Es wurden keine Entscheidungen mehr gefällt. Das Marketing zog sich zurück und es wurden keine Rechnungen mehr erstellt. Ich sagte Schnellmann arrogant: „Sie haben mit der Agentur eine Gruppe von Rennpferden, behandeln uns aber wie Ackergäule." Er dagegen meinte, wir verstünden seine Marke nicht, und sagte wortwörtlich: „Herr Schmid, Sie verstehen meine Kunden nicht. Sie haben keine Bratwurstmentalität." Die Chemie stimmte einfach nicht. Bico hat dann einen Marketingchef eingestellt, der ebenso unter der Blockade litt wie wir alle. Bei einem Lunch beschwerte ich mich über die Situation und fragte ihn, wie man das lösen könnte. Er meinte dann: „Ja, Schnellmann ist schwierig, aber du kannst dir durchaus Asche aufs Haupt streuen. Ihr habt die Situation durch eure Sturheit und Arroganz mit zu verantworten."

Was dann geschah, kann ich nur als ein kleines Wunder bezeichnen. Natürlich hatte er recht. Wir waren arrogant, haben die Situation eskalieren lassen und dabei nur verloren. Schnellmann kannte seine Marke besser als wir. Er lebte mit ihr, war derjenige, der die Möbelhändler besuchte, Besucher in der Fabrik empfing, Gespräche führte. Er kannte seine Kunden und ihre Bedürfnisse. Es war arrogant von uns anzunehmen, dass wir es besser wüssten. Ich schickte Walter Schnellmann ein Paket mit dem feinsten Zuger Kirsch und entschuldigte mich für unsere Uneinsichtigkeit und Überheblichkeit. Walter Schnellmann hat mich noch am selben Tag zurückgerufen und gesagt, dass er ebenso für die Eskalation verantwortlich sei. Wir haben uns in der Folgewoche zum Lunch getroffen. Ich habe ihm dann zum ersten Mal wirklich zugehört und seine Sichtweise des Marktes ernst genommen. Wir haben uns dann auf die Schweiz konzentriert, die Nestbau-Kampagne eingestellt und haben wieder den guten und erholsamen Schlaf ins Zentrum gerückt. Jetzt hatten wir die gemeinsame Wellenlänge gefunden. Bico wurde unser Lieblingskunde und blieb erfolgreich, während die französischen, britischen und deutschen Marken den Durchbruch nie geschafft haben. Mir ist damals klar geworden: Wenn keine gemeinsame Wellenlänge besteht, wenn die Chemie nicht stimmt, braucht man gar nicht erst zu versuchen zu überzeugen.

Es ist wie beim Radio oder Funkverkehr. Wenn der Sender auf einer anderen Wellenlänge sendet, als der Empfänger zuhört, existiert die Kommunikation irgendwo im Universum, aber nicht bei der Person, für die sie bestimmt ist. Da kann das Programm noch so gut sein oder die Nachricht noch so dringend. Was hier so offensichtlich ist, vergessen wir häufig dann, wenn die Erkenntnis am wichtigsten wäre. Wir glauben, zu überzeugen wäre ein Kraftakt, bei dem es um Argumente geht, um Inhalte, um Botschaften. Doch wenn keine Beziehung zum Empfänger vorhanden ist oder eine gemeinsame Wellenlänge fehlt, ist das beste Argument nutzlos. Es existiert in unserem Kopf, im Netz, aber nicht beim Empfänger. Es reicht nicht aus, an den Argumenten zu feilen. Wir müssen uns ebenso intensiv Gedanken machen, wie wir mit der Person oder den Personen, die wir überzeugen wollen, auf dieselbe Wellenlänge kommen.

Im folgenden Abschnitt stelle ich Ihnen einen Meister der Überzeugung vor, Sir Frank Lowe. Seine Stärke war es, immer die richtige Wellenlänge zu finden.

4 Wie mich Sir Frank überzeugte, ihm unsere Firma zu verkaufen

Als wir vier Partner unsere Kommunikationsagentur verkaufen wollten, hatten wir mehrere Kaufinteressenten. Mit zwei Agenturgruppen haben wir dann Gespräche geführt. Da war zum einen Ogilvy und zum anderen die Lowe-Gruppe. Beide haben Kaufangebote gemacht, um unsere Agentur in ihr Netz zu integrieren. Beide hatten bereits eine Niederlassung in der Schweiz und wollten diese mit unserer Agentur fusionieren. Wir hatten also die Wahl zwischen zwei guten Angeboten. Nun lag es an den Verantwortlichen, uns zu überzeugen.

Zeitlich befanden wir uns in den 90er-Jahren, eine Dekade, in der Investoren begannen, bestehende Agenturgruppen durch Akquisitionen zu mächtigen globalen Netzwerken zu formen. Ogilvy gehörte zur WPP-Gruppe, dem weltweit größten Kommunikationskonzern, unter der Leitung von Martin Sorrell. Lowe gehörte zur IPG-Gruppe, die von Phil

Geier geleitet wurde. Beide hatten die Vision, die globale Nummer 1 der Kommunikationsbranche zu werden, und das war nur durch Zukäufe möglich. So waren also beide Gruppen in einem Kaufrausch und erwarben Kommunikationsagenturen auf der ganzen Welt. Jede wollte wachsen, um jeden Preis. Tatsächlich hat sich diese Strategie für WPP und IPG ausbezahlt.

Beide Agenturgruppen entsandten ihre Europachefs zu Verhandlungen mit uns nach Zürich mit der Aufgabe, unsere Entscheidung zu beeinflussen. Schlussendlich waren meine drei Partner für Lowe, ich für Ogilvy. Jeder hatte seine eigenen Gründe für die Präferenz. Bei einem war es der Kaufpreis, beim anderen die Reputation. Meine Argumente waren die Größe und Bedeutung des Netzwerkes und die Zugehörigkeit zur stark wachsenden Gruppe. Mir schien Ogilvy in dieser Frage besser positioniert. Für Lowe sprach die Tatsache, dass sie als die kreativste Agenturgruppe galt, mit bahnbrechenden Kampagnen.

Mit Lowe standen wir kurz vor dem Abschluss. Vieles sprach für die Lowe-Gruppe. Sie hatte den gleichen kreativen Anspruch wie wir, war aber vor allem in UK bekannt. In der Schweiz war Lowe ein No-Name, während Ogilvy auch in der Schweiz eine bekannte Marke war. Ich vertrat die Ansicht, dass wir, bevor wir einen Vertrag mit Lowe unterzeichnen würden, noch einmal mit Ogilvy sprechen sollten. So haben wir die Verhandlungen mit Lowe für weitere Gespräche mit Ogilvy unterbrochen. Ogilvy hat dann ihren Europachef nach Zürich geschickt, der ein neues überzeugendes Angebot unterbreitete. Er konnte uns das große Potenzial aufzeigen, das wir durch diesen Schritt hätten. So begann sich die Waage in Richtung Ogilvy zu neigen, und wir brachen die Gespräche mit Lowe ab. In London bei Lowe hat unsere Entscheidung die Alarmglocken läuten lassen. Lowe hatte fest mit unserer Zustimmung gerechnet, wollte uns mit ihrer schwächelnden Agentur Bosch und Butz fusionieren und setzte große Hoffnung darauf, dass wir so die Kosten senken und gleichzeitig ein kreativer Treiber im europäischen Netz werden könnten. Es gibt etwas, das Sir Frank Lowe nicht kennt, nicht duldet und nicht akzeptiert: verlieren. Er schickte also nun nicht mehr seinen Europachef, sondern lud uns vier Partner nach London zu Gesprächen ein. In diesem rund zweistündigen Gespräch hat er auf eine erstaunliche Art und Weise einen Meinungsumschwung erzielt. Nicht so, wie ich es erwartet hatte, nicht offensichtlich, sondern subtil, fast beiläufig. Die Begegnung mit Sir Frank hat die Art und Weise, wie ich überzeuge, radikal verändert.

Sir Frank lud uns in sein Lieblingsrestaurant in Soho zum Lunch ein, wo die italienische Mamma noch selber kochte. Ich hatte viel von ihm gehört, war ihm bisher aber noch nie begegnet. Plötzlich stand er hinter mir im Wollpullover und einer ausgebeulten braunen Cordhose. Er wurde von seinem Finanzchef und dem Kreativdirektor begleitet. Ich erwartete nun seinen Sales-Pitch und Argumente, so wie man es eben macht und so wie Ogilvy vorgegangen war. Doch nichts davon geschah. Zuerst fragte er mich, wie es uns gelungen sei, in so kurzer Zeit in die Top 3 der Schweizer Agenturen zu gelangen, wie ich unsere kreative Arbeit beurteilte, wie das Verhältnis unter uns Partnern sei. Ob es Kunden gäbe, die er treffen könne, ob er einen Beitrag leisten könne, um als Agentur in der Schweiz noch besser und stärker zu werden. „Was immer ich für euch tun kann, lasst es mich wissen", meinte er. Dann erzählt er mir, dass er in bescheidenen Verhältnissen in Manchester aufgewachsen ist. Sein Vater besaß ein Pub, der jeden Abend berstend voll war. Er habe dort während seines Studiums ausgeholfen und gerne den Gesprächen der Gäste zugehört: was sie in ihrem Leben antreibt, was sie interessiert und begeistert, welche TV-Shows sie schauten und welche Sportsendungen. „Wie kann man die Leute überzeugen, wenn man nicht weiß, was sie lieben und wie sie ihre Freizeit verbringen? Wir müssen die Leute unterhalten, manchmal müssen wir sie schockieren, dann wieder zum Lachen bringen, sie überraschen."

Wir waren bereits aufgestanden, um uns zu verabschieden, da sagte er fast beiläufig: „Kurt, ich glaube, wir haben so vieles gemeinsam. Wir sind kreative Menschen. Wir lieben es, ausgetretene Pfade zu verlassen. Wir haben denselben Spirit. Wir gehören zusammen. Werdet Teil des Lowe-Netzwerkes. Da gehört ihr hin. Da könnt ihr euch persönlich und als Unternehmen entfalten und wachsen. Ich sehe euch nicht bei Ogilvy. Ihr würdet dort nie glücklich werden." Auf einen Schlag das richtige Vorgehen, um zu überzeugen: Wellenlänge herstellen, den Nutzen aufzeigen, die Barrieren abbauen, eine Einladung aussprechen. Mir wurde sofort bewusst: Natürlich hatte er recht. Natürlich hatten wir denselben Spirit, und mit Ogilvy weniger gemeinsam. Diese Agentur war uns fremd. So wurden wir Teil der Lowe-Gruppe und haben es nie bereut. Dies alles verlief so beiläufig. Ich hatte nie den Eindruck, dass mir Frank etwas verkaufen wollte, obwohl es wohl das effektivste Verkaufsgespräch war, das ich jemals erlebt hatte. Sir Frank hat zwei Stunden des Essens damit verbracht, diesen Einklang zu erzeugen, und zwei Minuten für den Pitch. Wir machen das häufig umgekehrt, als Kraftakt, mit den entsprechend negativen Ergebnissen.

Überzeugungskommunikation ist eine Kampagne in vier Akten. Es geht darum, den Nutzen aufzuzeigen, Barrieren abzubauen, eine Einladung auszusprechen, das, was ich Pitch nenne. Wenn aber die gemeinsame Wellenlänge fehlt, könnten wir ebenso gut darauf verzichten. Unsere erste und wichtigste Bemühung muss es daher sein, mit der Person, die wir überzeugen wollen, auf dieselbe Wellenlänge zu kommen und einen Einklang zu erzeugen. Wir müssen für diese Phase genauso viel investieren wie für den Pitch selbst – oder mehr. Die Fähigkeit von Sir Frank, diesen Einklang mit den Leuten zu finden, ist meiner Meinung nach das, was seinen Erfolg ausmachte.

5 Sie finden (fast) immer eine Gemeinsamkeit – suchen Sie weiter

Nun werden Sie vielleicht sagen, dass es Fälle gibt, wo kaum Gemeinsamkeiten bestehen. Zum Beispiel, wenn Sie mit Menschen aus einer völlig anderen Kultur sprechen. Irrtum. Ich möchte Ihnen eine auf den ersten Blick unbedeutende Begebenheit schildern, die für mich bei näherem Nachdenken zu Schlüsselerkenntnissen führte: Erstens dazu, wie groß das Bedürfnis ist, Gemeinsamkeiten zu finden, und zweitens dazu, dass wir immer Gemeinsames finden, wenn wir es wirklich wollen. Manchmal wollen wir nicht. Darauf komme ich aber später. Meine Frau und ich kamen gerade auf dem Flughafen von Narita-Tokyo an. Bevor wir die Passkontrolle verließen, kaufte ich im Duty-free-Shop einen japanischen Single Malt Whiskey der Marke „Yoichi". Während wir auf den Flughafenbus warteten, nahm ich die Flasche aus dem Gepäck und betrachtete das Etikett mit den japanischen Schriftzeichen. In diesem Moment blieb ein japanisches Ehepaar vor uns stehen. Beide schauten mich an, dann die Flasche, dann strahlten sie uns an: „Very good whiskey. Also our favorite whiskey. Very good. Very good choice." Und gingen weiter. In diesem Moment war plötzlich eine Verbundenheit vorhanden, etwas, das wir gemeinsam hatten, obwohl Kulturen und Kontinente uns trennten. Dieses Beispiel hat mir gezeigt, wie sehr wir das Bedürfnis haben, Gemeinsamkeiten zu finden, auch wenn uns vieles trennt, und wie sehr Gemeinsamkeiten verbinden. Wenn diese gemeinsame Wellenlänge gefunden ist, öffnen sich Türen, alles wird möglich. Wenn sie fehlt, bleiben die Türen verschlossen.

Wie Sie es anstellen
Es gibt verschiedene Ansätze, mit deren Hilfe Sie Ihr Gegenüber auf dieselbe Wellenlänge bringen können. Probieren Sie es aus:

Gemeinsamkeiten
Stellen Sie sich vor, Sie bewerben sich in einem internationalen Unternehmen für einen Job im Ausland, zum Beispiel als Country Manager. Es gibt für diese Stelle drei geeignete Kandidaten mit besten Leistungsnachweisen. Die Entscheidung fällt dem CEO, der die Schlussentscheidung fällt, schwer. Sie erfahren, dass die Tendenz eher in Richtung Ihrer Mitbewerber geht. Nun finden Sie heraus, dass der CEO in seiner Jugend Champion im Degenfechten war. Wegen einer Verletzung musste er den Sport allerdings aufgeben. Sie selber sind ein begabter Degenfechter und laden ihn nun ein, einem Ausscheidungsmatch für die Landesmeisterschaft beizuwohnen, bei dem Sie in der Endrunde stehen. Unabhängig davon, ob der CEO nun dem Match beiwohnt oder nicht. Meine Prognose ist: Sie werden den Job erhalten. Der Anziehungskraft der Gemeinsamkeit wird er nicht widerstehen können.

Empathie
Vielleicht mögen Sie die Person oder die Personen, die sie überzeugen wollen. Sagen Sie es ihr oder ihnen. Artikulieren Sie es. Halten Sie sich nicht zurück.

Anerkennung
Nichts ist ein größeres Geschenk als Anerkennung. Seien Sie großzügig mit Anerkennung. Gratulieren Sie, wenn das Gegenüber eine gute Leistung erbracht hat, einen Wettbewerb gewonnen hat, einen Abschluss getätigt hat, befördert wurde, eine Tochter oder einen Sohn zur Welt gebracht oder ein Start-up gegründet hat.

Humor
Zeigen Sie Humor. Lachen Sie, bringen Sie andere zum Lachen, aber lachen Sie nicht über andere. Lachen Sie am besten über sich selbst.

Stimmung
Sprechen Sie die Gefühle und Stimmungen im Raum an. Stellen Sie sich vor, Sie haben ein Gespräch mit Ihrem Vorgesetzten und wollen sein Einverständnis für ein neues Projekt. Sie spüren nun aber, dass er unruhig und gestresst ist. Er bereitet sich gerade auf eine schwierige Auseinandersetzung mit dem Verwaltungsrat vor. Sagen Sie ihm, dass Sie verstehen, dass dies eine schwierige Zeit ist für ihn, und lassen Sie ihn wissen, dass Sie für ihn da sind, wenn er es braucht.

6 Verleugnen Sie sich nicht

Was ist nun aber, wenn Sie keine Gemeinsamkeiten sehen, wenn Sie keinerlei Empathie für die Person empfinden oder wenn Ihnen deren Verhalten missfällt? Sollen Sie dann heucheln, Anerkennung und Empathie vorspielen, einfach nur, um Ihr Ziel zu erreichen? Nein. Verleugnen Sie sich nie. Sie verlieren Ihre Energie und Ihre Selbstachtung. Nachfolgend ein historisches Beispiel, wie der Philosoph, Mathematiker und Nobelpreisträger Bertrand Russell mit dieser Situation umgegangen ist.

Im Januar 1962 erhielt Bertrand Russell eine Reihe von Briefen von Sir Oswald Mosley, der in den 30er-Jahren die Britische Union der Faschisten in UK gegründet hatte. Er wollte mit seinen Briefen einen Dialog mit Russell provozieren und ihm die Verdienste des Faschismus aufzeigen.

Die Antwort von Bertrand Russell ist in die Geschichte eingegangen und zur Nachahmung empfohlen. Der Dialog war mit diesem Brief beendet.[1]

> Sehr geehrter Herr Oswald,
>
> ich danke Ihnen für Ihr Schreiben und die beigefügten Unterlagen. Ich habe über unsere jüngste Korrespondenz nachgedacht. Es ist immer schwierig zu entscheiden, wie man auf Menschen reagieren soll, deren Ethos dem eigenen so fremd, ja abstoßend ist. Es ist nicht so, dass ich etwas gegen die von Ihnen angeführten Punkte hätte, sondern dass ich meine ganze Energie in den aktiven Widerstand gegen die grausame Bigotterie, die zwanghafte Gewalt und die sadistische Verfolgung gesteckt habe, die die Philosophie und die Praxis des Faschismus kennzeichnen. Ich fühle mich verpflichtet zu sagen, dass die emotionalen Universen, die wir bewohnen, so unterschiedlich und in tiefster Weise entgegengesetzt sind, dass nichts Fruchtbares und Aufrichtiges aus einer Verbindung zwischen uns hervorgehen könnte. Ich möchte, dass Sie die Intensität dieser Überzeugung meinerseits verstehen. Ich sage das nicht, weil ich unhöflich sein will, sondern weil ich all das schätze, was ich an menschlicher Erfahrung und menschlicher Leistung habe.
>
> Mit freundlichen Grüßen
>
> Bertrand Russell

Wenn es keine Gemeinsamkeiten mit Ihrem Gegenüber gibt, wenn Sie von Ihren Werten her wie auf unterschiedlichen Planeten leben, versuchen Sie nicht, bei der betreffenden Person einen Meinungsumschwung zu erzielen oder die Person von Ihren Absichten, Projekten, Ideen zu überzeugen. Verkaufen Sie Ihre Seele nicht. Bleiben Sie höflich, distanzieren Sie sich, und wenden Sie sich wertvolleren und vielversprechenderen Aufgaben zu, bei denen Sie etwas bewegen und erreichen können.

7 Die Erkenntnis: Die richtige Wellenlänge ist genauso wichtig wie gute Argumente

Eine der Voraussetzungen, eine Person oder eine Gruppe von Personen zu überzeugen, ist ein Minimum an Gemeinsamkeiten von Werten, Ansichten und Lebensumständen. Die Chemie muss stimmen, eine gemeinsame Wellenlänge muss vorhanden sein, auf der Sie kommunizieren können, sonst werden Sie Ihre Anliegen nicht verdeutlichen und Ihre Ideen nicht erfolgreich vermitteln können. Wenn nichts davon sichtbar

---

[1] Quelle: Brief zitiert: „Thank you for your letter": Bertrand Russell – Sir Oswald Mosley, 22 Jan. 1962, R.A. durch Ronald Clark in „The life of Bertrand Russell", Verlag Bloomsberry Reader, electronic edition 2012 (First edition 1975). Deutsche Übersetzung K.S.

ist oder wenn die Gemeinsamkeiten verschleiert sind, dann machen Sie sich auf die Suche. Wenn Sie aber tatsächlich nichts finden, wenn keine Spur, nicht die geringsten Berührungspunkte vorhanden sind, wenn Sie stattdessen nur Trennendes finden, dann machen Sie es wie Bertrand Russell. Lassen Sie die Finger von dieser Person oder Personengruppe. Es kann nichts Gutes oder Fruchtbares daraus entstehen, wie es Bertrand Russell in seinem Brief an Sir Mosley ausdrückte. Die wichtigsten Elemente, um eine gemeinsame Wellenlänge aufzubauen, sind gemeinsame Werte, Ansichten, Vorstellungen, Erkenntnisse, Lebensbedingungen, Erlebnisse, Gefühle. Mein Gespräch mit Sir Frank ist geradezu ein Paradebeispiel für die überzeugende Kraft der gemeinsamen Wellenlänge, wie man sie kreiert und einsetzt. Ganz im Gegensatz zum CEO von Ogilvy Europe, hat Sir Frank davon abgesehen, uns in den Büros von Lowe in London oder in unserer Agentur in Zürich eine formelle Präsentation zu halten. Er hat den richtigen Moment abgewartet, uns aus dem gewohnten Umfeld gelockt und in sein persönliches Lieblingsrestaurant eingeladen. Sir Frank hat die gesamte Dauer des Gespräches dazu benutzt, um ein Gefühl der Verbundenheit und Gemeinsamkeit zu schaffen, und erst beim Abschied, erst in den letzten zwei Minuten, hat er den Pfeil abgeschossen, der schon lange im Köcher bereitlag.

Nun meine Einladung an Sie: Gehen Sie in Ihren Erinnerungen etwas zurück und greifen Sie die Situationen heraus, bei denen Sie mit Ihren Vorstößen und Vorschlägen abgeprallt sind. Woran lag es? Haben Sie ungeschickt argumentiert? Hat das Storytelling gefehlt? Hatten Sie keinen Elevator Pitch? Ja, vielleicht lag der Grund darin. Möglicherweise an einer Kombination von all diesen Aspekten. Es kann aber auch sein, dass das Grundlegende gefehlt hat, die gemeinsame Wellenlänge. Ihre Aussagen kamen nie wirklich bei Ihrem Gegenüber an. Denken Sie darüber nach und machen Sie sich mehr Gedanken darüber, wie Sie diese Wellenlänge herstellen können. Es ist möglich. Glauben Sie mir.

Tipp 3: Profiling

Sie können niemanden überzeugen, wenn Sie nicht wissen, was überzeugt

Inhaltsverzeichnis

1 Um was es geht 44
2 Warum man Oprah Winfrey keine teure Tasche verkaufen wollte 45
3 Wie Sie mit 4 Aspekten ein aussagekräftiges Profil erstellen können 46
4 Profiling eines europäischen Fürstenhauses 46
5 Die Erkenntnis: Versetzen Sie sich in die andere Person 48

Ich zeige Ihnen, wie Sie in kurzer Zeit ein Profil einer Person, die Sie überzeugen wollen, erstellen. Es braucht dafür genau vier Punkte, die ich Ihnen im Laufe dieses Kapitels genauer erläutern werde:

- Was ist die Wertehaltung der Person?
- Was sind ihre Lebensziele?
- Was sind ihre Wünsche und Bedürfnisse in Bezug auf unser Anliegen?
- Was sind ihre Bedenken in Bezug auf unser Anliegen?

1 Um was es geht

Wir stoßen nun zum Kern der erfolgreichen Überzeugung vor, zu einem Kapitel, welches das Potenzial hat, Ihre ganze Sichtweise, wie Sie mit Menschen reden, wie Sie zuhören und auf was Sie hören, verändern kann. Am Ende meiner Workshops frage ich meine Teilnehmenden jeweils, welche der trainierten Techniken ihnen für ihren Alltag am nützlichsten erscheint. Profiling steht immer ganz oben auf der Liste. Den meisten ist klar, dass man am besten überzeugen kann, wenn man die andere Person gut kennt. In einer Ehe oder Partnerschaft wissen Sie jeweils genau, welchen Knopf Sie drücken müssen, um das zu erhalten, was Sie wollen. Kinder haben dafür ein feines Gespür. Wenn Sie aber eine Person überzeugen wollen, mit der Sie nicht zusammenleben oder arbeiten, einen Kunden vielleicht, Ihre neue Chefin zum Beispiel, deren Ansichten, Stärken und Schwächen Sie nicht kennen, tappen Sie im Dunkeln. Sie wissen dann nicht, was die Person in ihrem Leben motiviert, wie die Person tickt. Und wenn Sie nicht wissen, was die Person motiviert, können Sie auch nicht überzeugen. Die Person ist für sie eine unergründliche Black Box. Ihre Argumente werden abprallen. Erfahrene Berater und jeder erfolgreiche Verkäufer oder Berater werden Ihnen deshalb dasselbe sagen: Erst muss man zuhören und die Person kennenlernen, erst dann redet man. Warten Sie ab. Hören Sie zu. Sie können niemanden überzeugen, wenn Sie nicht wissen, was überzeugt. Die Frage ist nun aber: Auf was sollen Sie hören? Auf was müssen Sie achten? Das verrät Ihnen leider kein Verkäufer und keine Beraterin: „Es ist Erfahrung, Intuition, Menschenkenntnis, Fingerspitzengefühl", sagen Sie vielleicht. Was aber, wenn all diese Punkte auf Sie nicht zutreffen?

Ich werde Ihnen in diesem Kapitel aufzeigen, wie fundamental wichtig es ist, zuzuhören und zu recherchieren und keine voreiligen Schlüsse zu ziehen. Und dann werde ich Ihnen die Technik des Profilings vorstellen. Das Profiling ist eine einfache Methode, um aus einer Vielzahl von Informationen über die Person die vier Aspekte herauszufiltern, die relevant sind (Wertehaltung, Lebensziele, Bedürfnisse, Bedenken). Wenn Sie diese vier Aspekte identifiziert haben, dann haben Sie ein nützliches Profil der Person. Mit den auf diese Weise gewonnenen Erkenntnissen können Sie die Person überzeugen.

2 Warum man Oprah Winfrey keine teure Tasche verkaufen wollte

Am 17. Juli 2013 betrat eine der prominentesten und bemerkenswertesten Frauen unserer Zeit eine Boutique an der Münstergasse in Zürich. Die Verkäuferin an diesem Morgen konnte dies aber nicht erkennen. Was sie sah, war eine dunkelhäutige, kräftig gebaute Frau um die 60, die das Geschäft betrat. Die Kundin schaute sich in der Boutique um und entdeckte eine schwarze Handtasche in den obersten Regalen des Ladens und bat die Verkäuferin, die Tasche herunterzuholen und sie ihr zu zeigen, eine Krokodilledertasche im Wert von 35.000 Schweizer Franken. Es war noch früh am Vormittag. Die Boutique hatte gerade erst geöffnet und die einzige Verkäuferin war gerade mit anderen Dingen beschäftigt. Sie wendete sich der Frau zu, musterte sie von oben bis unten, zögerte einen Augenblick und meinte dann: „Nein, Nein, das geht wohl nicht." Sie wies die Dame auf andere Taschen hin, im tieferen Preissegment. „Wieso schauen Sie sich nicht diese Taschen an, die könnten passen." Die Verkäuferin wusste nicht, dass es sich bei der Person um Oprah Winfrey handelte, eine sehr reiche und erfolgreiche Frau, die mit ihrer Show, mit Büchern und ihren andern Geschäften Hunderte von Millionen verdient. Oprah Winfrey verließ die Boutique empört und erwähnte den Vorfall in der „Larry King Show" in den USA. Sie meinte, sie sei in keinem Land so viel Rassismus begegnet wie in der Schweiz. Der Vorfall löste auf der ganzen Welt Empörung aus. War das Rassismus? Ja! Die Verkäuferin hat die Kundin durch mehrere Filter von Äußerlichkeiten betrachtet und sie dann abgewertet. Wir alle tragen diese Filter mit uns und können uns Fehleinschätzungen nur schwer entziehen. Sie können davon ausgehen, dass immer dann, wenn es Ihnen nicht gelingt zu überzeugen, wo es eigentlich hätte möglich sein sollen, eine Fehleinschätzung der Person vorliegt. Sie wussten nicht wirklich, mit wem Sie es zu tun hatten, welche Werte die Person vertritt, welche Ziele sie im Leben hat, was sie motiviert und antreibt im Leben.

Hätte die Verkäuferin erst ein Profiling durchgeführt, hätte sie die Voraussetzung gehabt, die Tasche zu verkaufen. Oder in anderen Situationen hätten wir vielleicht die Lohnerhöhung erhalten, den Vertrag abgeschlossen, das Projekt finanziert bekommen, den Verwaltungsrat überzeugt, die Versetzung ins Ausland genehmigt bekommen oder den Partner für die Reise gewonnen.

3 Wie Sie mit 4 Aspekten ein aussagekräftiges Profil erstellen können

Menschen sind komplex. Es ist nicht einfach, ihre Motivation und ihr Verhalten zu verstehen, besonders dann nicht, wenn dies in kurzer Zeit geschehen muss. Ich habe für Sie die beste Methode evaluiert, die im Alltag nützlich ist und erwiesenermaßen Resultate bringt. Die Technik des Profilings besteht, wie oben schon angeführt, darin, vier Aspekte einer Person zu erfassen:

- Was ist die Wertehaltung der Person?
- Was sind ihre Lebensziele?
- Was sind ihre Wünsche und Bedürfnisse in Bezug auf unser Anliegen?
- Was sind ihre Bedenken in Bezug auf unser Anliegen?

Wenn Sie Antworten auf diese vier Fragen finden, steigt die Wahrscheinlichkeit, die Person zu überzeugen, deutlich an, ganz gleich um welches Angebot, Produkt oder Anliegen es sich handelt.

4 Profiling eines europäischen Fürstenhauses

Ich habe einige Jahre eine nationale Fachorganisation der privaten Behindertenhilfe in der Schweiz beim Fundraising bei wohlhabenden Privatpersonen, Firmen oder Stiftungen unterstützt. Ich stieß bei meiner Untersuchung unter anderem auf ein europäisches Fürstenhaus mit einem Vermögen von neun bis zehn Milliarden Schweizer Franken. Zuerst habe ich mir gesagt: Hier habe ich keine Chance. Die Organisation ist mit ihren Dienstleistungen in diesem Land nicht einmal präsent. Zudem wird die Familie wohl von Anfragen überschwemmt werden. Auf der anderen Seite, so habe ich angenommen, hat die Familie wohl ein großes Spendenbudget. So habe ich mir vorgenommen, ein Gesuch an die Familie zu senden. Im ersten Schritt brauchte ich ein Profil des Fürstenhauses. Doch wie sollte ich dabei vorgehen? Ich kannte das Fürstenhaus nicht und die Familie ist ziemlich öffentlichkeitsscheu. Ich habe dann etwas nachgeforscht und Interviews sowie Presseberichte über die Familie gelesen. Auf dieser Grundlage habe ich für den Brief ein einfaches Profil geschrieben. Obwohl das Profiling nur eine Hypothese ist, hat es mir geholfen, mir ein Bild von der Familie zu machen sowie meinen Brief und meine Argumente darauf abzustimmen.

Und so stellte ich mir vor, mit wem ich es zu tun haben würde, und beantwortete die vier Aspekte aus dem Profiling. Folgendes Profil der Mitglieder des Fürstenhauses ist daraus entstanden:

- **Was ist ihre Wertehaltung?**
  Konservative Werte. Jeder trägt die Verantwortung für sein Glück in seinem Leben. Wenn es aber Menschen gibt, die wegen ihrer Lebensumstände dazu nicht in der Lage sind, brauchen diese Unterstützung, vom Staat hauptsächlich, aber im kleinen Rahmen auch von Menschen, denen es besser geht als ihnen.
- **Was sind ihre Lebensziele?**
  Die Familie ist zu einem gigantischen Vermögen gekommen. Dieses Vermögen gilt es, für kommende Generationen zu bewahren und auszubauen. Wenn man so reich ist, vor allem, wenn ein beträchtlicher Teil des Reichtums nicht selbst erarbeitet wurde, gilt man schnell als Schmarotzer. Eines der Ziele und Absichten ist es, einen kleinen Teil für karitative Zwecke einzusetzen. Das gehört sich so und ist gut für das Image.
- **Was sind ihre Wünsche und Bedürfnisse in Bezug auf unser Anliegen?**
  Grundsätzlich sind die Mitglieder des Fürstenhauses gegen karitatives Verhalten. Man muss die Leute dazu bringen, sich selbst zu helfen, außer wenn sie unverschuldet Probleme haben und aus eigenem Antrieb kaum eine Chance haben. Da braucht es etwas finanziellen Rückenwind für Ausbildung oder Integration.

- **Was sind ihre Bedenken in Bezug auf unser Anliegen?**
  Wenn ich einer Behindertenorganisation Geld gebe, kommen nachher all diese Organisationen und wollen Geld.

Nun habe ich aufgrund dieses Profilings einen Brief entworfen, auf Büttenpapier ausgedruckt, in den Umschlag gesteckt, handschriftlich adressiert, mit Wachs versiegelt und dann an das Schloss abgeschickt. Der Brief sah also edel und fein aus, der Inhalt des Briefes war so persönlich und ergreifend formuliert, dass es schwierig gewesen wäre, Nein zu sagen. Und es hat funktioniert – entgegen allen Erwartungen und Warnungen der Experten, die mir gesagt haben, dass ich nie einen Franken dieser Superreichen sehen würde. Etwa vier Wochen später folgte eine eindrückliche Spende vom Fürstenhaus. Die Familie hat ab diesem Zeitpunkt immer wieder gespendet. Der Grund? Ich habe mich mit der Familie auseinandergesetzt, mit ihren Werten, ihren Zielen, ihren Wünschen und Bedenken und bin dann im Brief darauf eingegangen. Ich habe ein Profil erstellt.

Ich habe rund 30 solcher Gesuche gestellt. Von fünf Persönlichkeiten weiß ich, dass sie gespendet haben, und es folgte eine Reihe von hohen anonymen Spenden, die wohl auch aus diesen Quellen stammten.

5 Die Erkenntnis: Versetzen Sie sich in die andere Person

Sie können eine Person nicht überzeugen, wenn Sie nicht wissen, was diese Person überzeugt, wenn Sie nicht wissen, was ihre Wünsche und Bedürfnisse sind. Ihre Argumente prallen ab und entfalten keinerlei Wirkung. Wenn Sie aber wissen, was eine Person im Leben antreibt, können Sie darauf eingehen und Ihre Argumente gezielt darauf abstimmen. Aber welche Aspekte sind wichtig? Meine Beobachtung ist die, dass Sie mit wenigen Aspekten ein gutes Verständnis der Person erlangen. In meinen Workshops benutze ich den Kindersetzkasten als Beispiel für ein Profiling. Die vier Profiling-Aspekte sind wie vier Öffnungen in einem Setzkasten. Kinder lernen mit diesem Kasten, ein bestimmtes Klötzchen in die dafür bestimmte Öffnung zu schieben. Nur wenn das Kind die Form und die Größe der Öffnung kennt, kann es das Klötzchen in die dafür bestimmte Öffnung schieben: das quadratische Klötzchen in die quadratische Öffnung, das runde Klötzchen in die runde Öffnung, das ovale Klötzchen in die ovale Öffnung. Bildlich gesprochen versuchen wir manchmal verzweifelt, das runde Klötzchen in die quadratische Öffnung zu schieben, immer und immer wieder, bis wir frustriert aufgeben. Der Setzkasten und die Öffnungen sind bildlich gesprochen das Profil der Person und die Klötzchen sind die Argumente, die wir benutzen, um eine Wirkung auszulösen. Im Profiling identifizieren wir die vier Öffnungen für unsere Argumente: die Wertehaltung der Person, ihre Ziele, den Nutzen, welches mein Angebot hat, und die Barriere, welche die Person daran hindert, Ja zu sagen. Die Klötzchen verkörpern die Schlüsselversprechen, oder anders ausgedrückt die Argumente, die Sie im Gespräch nutzen, um zu überzeugen.

Dies setzt natürlich ein Minimum an Nachdenken und -forschung voraus. Durch die sozialen Medien haben Sie genügend Stoff, um die vier Aspekte zusammenzutragen. Ich habe die Erfahrung gemacht, dass allein dadurch, dass Sie sich in die Person hineinversetzen, die Sie überzeugen wollen, ein Wandel in Ihrem Denken stattfindet. Sie erkennen nun die Sichtweise der anderen Person und finden allein schon dadurch einen Ansatz, wie Sie einen Zugang zu dieser Person finden. Die Wahrscheinlichkeit von Zustimmung steigt durch ein Profiling deutlich. Zusammen mit den weiteren Praxistipps haben Sie gute Chancen, auch für schwierige Anliegen ein Ja zu erhalten.

Tipp 4: Mission Control
Sie können niemanden überzeugen, wenn Sie nicht wissen, was Sie wollen

Inhaltsverzeichnis
1. Um was es geht 52
2. Wenn Ihr Chef Ihre Arbeit nicht wertschätzt 53
3. Wie mich Nestlé überrumpelte 54
4. Wie Sie den Kompass ins Spiel bringen 61
5. Wie mich ein Konzernchef aus der Fassung brachte 64
6. Die Erkenntnis: Mission Control ist der Kompass zum Erfolg 66

Ich zeige Ihnen auf, wie Sie in kurzer Zeit und auf eine einfache Art und Weise einen Kompass für Ihr Gespräch schaffen, der Ihnen auch dann Orientierung gibt, wenn die Situation vernebelt ist.

Mission Control beantwortet folgende drei Fragen:

- Was ist mein Anliegen?
- Was möchte ich im kommenden Gespräch erreichen?
- Wie verhalte ich mich?

1 Um was es geht

Ich möchte Ihnen in diesem Kapitel zeigen, dass Sie nie in ein Überzeugungsgespräch gehen sollten, ohne klar zu wissen, was Sie wollen, und wie viel davon. Ich nenne die Technik Mission Control. Mission Control ist der Kompass für Ihr Gespräch. Ich werde Ihnen aufzeigen, wie wichtig es ist, dass Sie einen Kompass haben, und wie dieser funktioniert.

Können Sie gut zuhören?
Haben Sie Empathie für die Anliegen der anderen? Können Sie sich in andere Menschen einfühlen? Sind Sie offen für die Argumente, die von Ihren eigenen abweichen? Sind Sie tolerant? Lassen Sie sich ungern auf Auseinandersetzungen ein? Meine Glückwünsche. Sie genießen vermutlich ein friedliches Dasein. Viele meiner Workshop-Teilnehmer sind gute Zuhörer. Durch Zuhören lernen wir unser Gegenüber und seine Bedürfnisse besser kennen und können so darauf eingehen. Dieses Verhalten hat allerdings einen Haken. Es kann sein, dass wir im Zuhören unser eigenes Anliegen und das, was wir erreichen wollen, aus den Augen verlieren. Es kann geschehen, dass im Zuhören unser Anliegen entführt wird oder dass wir die Anliegen der Person übernehmen, die wir überzeugen wollten, anstatt unser eigenes Anliegen zu vertreten. Überzeugen ist ein gegenseitiger Prozess. Vielleicht haben Sie schon Folgendes erlebt: Sie gehen mit Ihrem Anliegen zu einer Person, einem Freund, Bekannten, einer Kollegin, vielleicht auch zu Ihren Mitarbeitenden, Ihrem Team, zu Ihrem Chef oder zum Verwaltungsrat, Ihren Kolleginnen im Gemeinderat – und ihr Anliegen wird nun so zerredet und zerzaust, dass Sie kaum mehr wissen, was Sie ursprünglich einmal wollten. Sie beginnen nun vielleicht daran zu zweifeln, ob Ihr Anliegen überhaupt eine Berechtigung hatte.

In diesem Fall wurden Sie überzeugt, und zwar von der Wertlosigkeit Ihres Anliegens. Dies kann durch die Frage „Wie wäre es, wenn Sie etwas mehr Verständnis für die Anliegen des Unternehmens zeigen würden?" sehr offen geschehen, meist geschieht dies aber subtiler, z. B.: „Danke für Ihren gut gemeinten Vorschlag. Wir können das demnächst vielleicht einmal besprechen." Das Ergebnis ist dasselbe: Unser Anliegen ist auf die

Größe einer Kaffeebohne geschrumpft, und wir damit auch. Am Ende des Gesprächs geben wir uns dann noch selbst den Dolchstoß: „Ah, es ist nicht so wichtig, war nur so eine Idee."

2 Wenn Ihr Chef Ihre Arbeit nicht wertschätzt

Stellen Sie sich vor, Sie gehen zu Ihrem Chef. Das Unternehmen ging durch einige Krisen, hat diese aber gut gemeistert, auch dank Ihres Einsatzes und Ihrer Überstunden. Sie haben das Team in schwierigen Situationen wieder motiviert. Sie haben den Kunden zurückgewonnen, der eigentlich abspringen wollte. Dazwischen haben Sie neben Ihren eigenen Aufgaben noch mitgeholfen, die Firma zu digitalisieren und die Abläufe zu vereinfachen. Sie haben dafür Ihr Familienleben vernachlässigt, mussten früh aus dem Haus und kamen spät zurück. Sie finden, dass nun eine Belohnung gerechtfertigt wäre, vielleicht eine Lohnerhöhung, vielleicht ein Bonus. Sie haben sich aber nicht genau überlegt, was Sie wollen. Der Chef macht allerdings keinerlei Anstalten in diese Richtung. Außer einigen anerkennenden Worten beim Kaffee kommt nichts. Absolut nichts. Sie suchen nun das Gespräch, weisen auf Ihre Leistungen und deren Nutzen für das Unternehmen hin und sagen, dass Sie erwartet hätten, dass die Firma Ihr Engagement auch finanziell belohnen würde. Sie machen das aber ungern. Sie stellen sich nicht gerne ins Rampenlicht. Sie sprechen nicht gerne von sich. Sie stellen nicht gerne Forderungen. Ihr Chef hat aber seine eigene Agenda. Er macht Ihnen klar: „Ja, es war ein erfolgreiches Jahr für die Firma. Ja, die Umsätze sind gestiegen, der Gewinn allerdings stagniert. Die Kunden verlangen immer mehr und bessere Leistungen, sind aber immer weniger bereit, dafür auch zu bezahlen. Eine Lohnerhöhung oder ein Bonus wäre nun ein falsches Zeichen." Er möchte sich aber dennoch erkenntlich zeigen und drückt Ihnen einen Gutschein für ein Wellness-Wochenende im Parkhotel in die Hand, für Sie und Ihren Mann. Was mit Ihren Kindern in dieser Zeit geschehen soll, hat er sich nicht überlegt. „Genießen Sie es und kommen Sie gestärkt zurück. Wir haben noch einiges vor zusammen, nächstes Jahr." Sie sind verblüfft, enttäuscht, schlussendlich haben Sie aber auch Verständnis für die Lage des Chefs. Er hat recht, die Konkurrenz ist übel, der Preisdruck enorm. „Vielleicht sollte ich mich mit dem Unternehmen solidarischer zeigen", denken Sie womöglich. Eine Woche später erfahren Sie dann, dass sich das Management einen hohen Bonus ausbezahlt hat.

Mission Control funktioniert wie ein Kompass, der Ihnen auch dann den Weg weist, wenn Ihr Gegenüber Nebel und Konfusion erzeugt, sodass Sie nicht mehr wissen, was richtig und falsch ist. Mir hätte es sehr geholfen, wenn ich für meine Verhandlungen mit einem meiner größten Auftraggeber, Nestlé, über einen solchen Kompass verfügt hätte. Ich hätte mich nicht so einfach in die Ecke drängen lassen, wie ich es damals zuließ.

3 Wie mich Nestlé überrumpelte

Ich bekam von meiner Kundin bei Nestlé Schweiz einen Anruf. „Hallo Kurt, unser Einkaufsverhandlungsteam möchte mit euch einen Rückblick über das letzte Jahr machen und über die zukünftige Zusammenarbeit sprechen. Einfach unter uns. Die sagen, dass ihr die Agentur in Europa mit den höchsten Kosten seid. Du musst dich wohl warm anziehen." Ich habe mir nicht wirklich Sorgen gemacht, schlussendlich haben wir mitgeholfen, die Cailler-Krise von Nestlé zu lösen, an vorderster Front. Wegen dieser Sorglosigkeit sollte ich einen hohen Preis zahlen. Wollen Sie mit mir in die Geschichte eintauchen?

Die Nestlé-Schokoladenmarke Cailler stürzt ab
In den Jahren 2005 bis 2007 nahm Nelly Wenger, neue Nestlé-CEO, eine Umpositionierung der Schokoladenmarke Cailler vor. Ihre Vision war es, aus der traditionellen Schokoladenmarke aus Broc im Greyerzerland eine trendige, internationale Schokoladenmarke zu machen, nach dem Vorbild von Nespresso. Cailler verlor schon jahrelang Marktanteile an Lindt und an die Migros Schokoladenmarke Frey. Alle Bemühungen, die Kurve nach oben zu biegen, scheiterten. Nelly Wenger wollte nun einen großen Wurf, setzte ihre Werbeagenturen ab und berief den Stararchitekten Jean Nouvel und sein Büro für diese Aufgabe. Sie war der

Meinung, dass traditionelle Werbeagenturen nicht in der Lage seien, etwas wirklich Neues hervorzubringen. Jean Nouvel brachte die erwartete Revolution mit zwei Erkenntnissen auf den Punkt. Erstens: Schokolade sei ein industrielles Produkt. „Wir belügen die Kundinnen und Kunden, wenn wir so tun, als ob jedes Praliné vom Chocolatier entworfen und hergestellt wird, wie es die traditionelle Werbung impliziert", meinte er. Zweitens: „Cailler muss die Zukunft, den Zeitgeist zelebrieren, nicht die Tradition." In der Theorie eines Architekten eine durchaus verständliche und nachvollziehbare Überlegung. Doch irgendwie gab es da draußen auch noch Menschen, die die Schokolade lieben und kaufen sollten. Diese spielten in den neuen Überlegungen allerdings keine Rolle.

So unterzogen Nelly Wenger und Jean Nouvel sämtliche Cailler-Schokoladenpackungen einer Radikalkur. Die traditionelle Frigor-Schachtel zum Beispiel, eine Ikone der Schweizer Schokoladenwelt, eine rot-weiß-karierte Box mit goldgeprägtem Cailler-Schriftzug, wurde eliminiert und die Schokoladen-Karrees wurden nun in rote, durchsichtige Plastikwürfel gesteckt und mit einem absichtlich schlecht gedruckten schwarzen Cailler-Stempel versehen. Industriell eben. Die Werbespots zeigten, wie aus Schokolade futuristische Städte wuchsen: Straßen, Bahnen, Parks, Geschäfts- und Wohnviertel, Schulen, Universitäten. Viele Cailler-Mitarbeitende schlugen Alarm, aber der damalige Konzernchef Peter Brabeck stellte sich hartnäckig hinter Nelly Wenger und hieß die Umpositionierung gut. Coop bot Cailler dann sogar mehr Platz in den Regalen, dank höherer Preise und Margen.

Wie man sich denken kann, und wie viele Nestlé-Mitarbeiter vorausgesagt hatten, war die Umpositionierung ein Desaster und zählt zu den größten Marketingflops in der Geschichte der Neuzeit. Die Kunden erkannten im Regal ihre Schokolade nicht mehr. Die Schokolade blieb trotz eines gewaltigen Marketing- und Werbebudgets in den Läden liegen und musste eingeschmolzen werden. Cailler verlor innerhalb von wenigen Monaten 50 % des Umsatzes. Nelly Wenger erhielt über 3000 Postsendungen von verärgerten Kunden, die ihr die Plastikpackung per Post zurückschickten mit der Aufforderung, diese selbst zu entsorgen. Der Discounter Denner veröffentlichte doppelseitige Inserate, in denen das Unternehmen ankündigte, dass es keine Cailler-Schokolade mehr verkaufen würde, denn: „Wir verkaufen Schokolade, keine Verpackungen." Die Medien machten sich über Nestlé lustig. Der Ruf von Nestlé als smarter Marketinggigant war angeschlagen. Das Nestlé-Management wurde national und international infrage gestellt. Das Cailler-Debakel war eine internationale Blamage für das erfolgsverwöhnte Nestlé-Management.

So kam unsere Agentur ins Spiel
Unsere Agentur wurde nach einem internationalen Auswahlverfahren gewählt, um die Marke Cailler zu retten. Der damalige CEO von Nestlé Schweiz sagte mir: „Kurt, wir müssen nun alle Kräfte mobilisieren, um eine Wende zu erzeugen. Und zwar schnell. Cailler geht den Bach runter und schadet Nestlé. Das Management ist alarmiert und beschämt. Hol die besten Leute aus euerm Netzwerk, ganz gleich, was es kostet." So haben wir die Agentur in den Ausnahmezustand versetzt und Tag und Nacht gearbeitet. Wochenenden und Ferien gab es für das Team monatelang keine.

Ich ließ die besten Kreativtalente unserer Agenturgruppe aus der ganzen Welt einfliegen: aus Frankreich, Großbritannien, Deutschland, Italien, Spanien, Südafrika, Indien und Australien für ein Creative Hothouse, wie wir das genannt haben. Dafür mieteten wir das Schloss Überstorf im Kanton Freiburg für eine Woche. Die Teams hatten die Aufgabe, in dieser einen Woche eine neue Kampagne für Cailler zu entwickeln, welche die Cailler-Schokoladentradition und die Emotionen um die Traditionsmarke in den Mittelpunkt rücken sollte.

Die Kosten für Nestlé für diese Woche: ein hoher sechsstelliger Betrag an Honoraren und Spesen. Für die Produktion des Spots engagierten wir den Regisseur Jean-Pierre Jeunet, der mit dem Film „Amélie de Montmartre" ein Filmkunstwerk produziert hat. Unsere zweite Idee war noch kostspieliger. Wir schlugen vor, an alle Schweizer Haushalte eine Tafel Schokolade per Post zu versenden. Ich glaube, es waren um die zwei Millionen Tafeln Milchschokolade. Die Entwicklung, die Schokolade, Verpackung und Versand, kosteten Millionen von Schweizer Franken. Allein der Text für den Begleitbrief, der nur aus wenigen Zeilen bestand, kostete einen fünfstelligen Betrag, weil er wochenlang umgeschrieben wurde, bis das Nestlé-Management den Text freigegeben hat. Nestlé ließ dann alle Packungen wieder neu gestalten, im alten Look, ohne Plastik und die ganze Produktion umrüsten, was weitere Dutzende von Millionen verschlang. Nelly Wenger verließ das Unternehmen. Doch die Krise war gelöst. Die Medien schrieben, dass Nestlé das Problem entschlossen angepackt hätte. Denner nahm Cailler wieder ins Sortiment auf. Die Umsätze stiegen langsam, aber stetig an. Nestlé hat die Lehre aus dem Debakel gezogen. Cailler ist gestärkt aus dieser Krise hervorgegangen.

Nicht aber wir als Agentur. Ein neuer Nestlé-Chef Schweiz wurde ernannt, Roland Decorvet, der in kurzer Zeit und mit Erfolg Dutzende von Schokoladeninnovationen auf den Markt brachte. Das Marketingbudget war massiv überschritten worden. Dafür mussten auch wir als Agentur geradestehen. Folgen Sie mir nun in ein schreckliches Meeting.

Sie wussten genau, was sie wollten. Ich nicht.
Wir waren stolz, diesen Auftrag in einem hochrangigen internationalen Wettbewerb gewonnen und dann einen großen Beitrag zur Lösung geleistet zu haben, bis das angekündigte Einkaufsteam unser Sitzungszimmer betrat. Das Team wusste genau, was es wollte, während ich sträflich sorglos und unvorbereitet war. Diese Art von Verhandlungen kannte man damals in Agenturen noch nicht. Bisher war es immer das Marketingteam, das jeweils die Konditionen verhandelte. Das hatte sich nach der Jahrtausendwende geändert. Größere Kunden fingen an, ihre Beschaffungsstrategien zur Kostensenkung auch auf das Marketing zu übertragen, und zentralisierten und professionalisierten den Einkauf von Marketingdienstleistungen in Einkaufsabteilungen.

Der Teamleiter bedankte sich erst für die hervorragende Leistung der Agentur und betonte dann, wie wichtig unsere Agentur für Nestlé sei und wie positiv unser Beitrag zur Lösung der Cailler-Krise war. „In diesem Gespräch geht es nicht darum, Ihre Agentur im Preis zu drücken, sondern darum, gemeinsam nach Möglichkeiten zu suchen, wie ihr eure Leistungen kostengünstiger erbringen könnt." Während wir unvorbereitet in dieses Gespräch traten, hatte das Nestlé-Team im Hintergrund sorgfältige Recherchearbeit geleistet. Sie haben unsere Rechnungen in die kleinsten Teile zerlegt und unsere Schweizer Honorare und Stundensätze mit denen in anderen Ländern Europas verglichen. Unsere Tarife lagen im besten Fall 30 %, im schlechtesten Fall über 200 % über denen der Kosten anderer europäischer Länder, und zwar in allen Kategorien: Research, Strategie, Kreation, Beratung. Uns wurde klargemacht, dass Nestlé daran gelegen wäre, die Arbeit dort erstellen zu lassen, wo die Kosten am niedrigsten sind. Nestlé war zwar durchaus bereit, für unseren Kreativdirektor in Paris einen Tagesansatz von mehreren Tausend Schweizer Franken zu bezahlen, aber bei unseren Text- und Grafiktarifen sowie bei der Beratung stünden wir mit unserem durchschnittlichen Stundensatz von 220 Schweizer Franken schlecht da, auch im Vergleich zu Österreich oder Deutschland. All diese Argumente trafen zu. Die Produktionskosten in der Schweiz betragen häufig ein Mehrfaches der Kosten im benachbarten Europa. Dies ist auch der Grund, weshalb wir in der Schweiz für Frischprodukte wie Gemüse, Früchte, Milch und Fleischprodukte bis 200 % mehr bezahlen als in unseren Nachbarländern. Ich wies darauf hin, dass wir ein Emergency Team hatten, das im Dauereinsatz war, dass uns gesagt wurde, Geld spiele keine Rolle, dass unter dem Zeitdruck keine Offerten möglich gewesen wären und dass bei Nestlé niemand wirklich Fragen zu den Ausgaben gestellt hatte. Das Einzige, was für die damaligen Auftraggeber zählte, war es, die Medienkritik zu beseitigen und eine Lösung zu finden. Das alles konnte das Nestlé Team aber kaum beeindrucken. Sie stellten unsere ganze Arbeitsweise infrage. Es war schwierig zu begründen, weshalb der Brief mit den wenigen Sätzen an die Schweizer Bevölkerung mehr als 100 Arbeitsstunden gekostet hat. Das war im Nachhinein tatsächlich kaum mehr nachvollziehbar.

Nestlé verlangte dann von uns eine neue Arbeitsform und eine deutliche Reduktion der Stundensätze. Im Nachhinein kann ich die Überlegungen von Nestlé nachvollziehen. Denn so sehen wohl auch die Verhandlungen mit den Großkonzernen und Verhandlungspartnern wie Coop und Denner aus. Es wird ein brutaler Druck ausgeübt, mit Drohungen, das Sortiment aus dem Regal zu werfen, wenn man nicht nachgibt.

Mir ist im Nachhinein klar geworden, dass das Verhandlungsteam zwar über Zahlen und Vergleiche verfügte, aber nichts darüber wusste, unter welchem Druck das damalige Nestlé-Team und wir als Agentur standen. Sie wollten es auch nicht wissen und hören. Ich war unvorbereitet, ließ mich durch die Art der Gesprächsführung in die Ecke drängen und verlor die Kontrolle über das Gespräch. Unsere Anliegen und Gedanken blieben auf der Strecke. Ich war wütend und frustriert und zeigte das deutlich. Meine Energie nahm ab. Dies war wohl der Moment, an dem ich mich dazu entschieden habe, nicht mehr für Nestlé zu arbeiten. Ich fand das Gespräch würdelos, angesichts dessen, was wir geleistet hatten. Es hätte aber alles anders kommen können.

Was falsch lief
Ich habe lange über diese Situation nachgedacht und nach den Ursachen gesucht. Die Gründe waren schnell gefunden: Ich wurde überrumpelt, war schlecht vorbereitet, hatte mir kein Ziel gesetzt und keine Strategie zurechtgelegt, während das Nestlé Verhandlungsteam genau wusste, was es wollte. Die Techniken, wie ich sie in diesem Buch beschreibe, habe ich dazumal nicht für meine Anliegen genutzt, sondern ausschließlich für meine Kunden. Das war ein Fehler. Zudem wurde mir bewusst, dass ich gelernt hatte, ein guter Zuhörer zu sein, aber nicht, meine eigenen Anliegen bei Widerstand kraftvoll zu vertreten und durchzusetzen. So erkannte ich das Marketingproblem von Cailler schnell. Ich spürte die Angst und die Blamage des Managements. Ich verstand, dass die Kunden von Cailler ihre Schokolade zurückwollten, so wie sie diese kannten, und dass in dieser Erkenntnis auch die Lösung lag. Ich wusste, wie kreative Teams funktionieren, und wie ich sie motivieren kann, Bestleistungen in schwierigen Zeiten zu erbringen, und ich wusste, wie die Kommunikation aussehen müsste.

Es ist aber eine Sache, eine Kommunikationsstrategie und eine kreative Idee zu schaffen, und eine ganz andere, wenn es darum geht, einem ehrgeizigen Team von harten Verhandlern die Stirn zu bieten. Dafür reicht es nicht mehr, ein guter Zuhörer zu sein, Empathie und Verständnis für die Menschen im Raum zu haben. Dafür muss man andere Techniken mobilisieren und eine andere Haltung annehmen. Es gilt, ein klares Verhandlungsziel zu formulieren, die Agenda nicht aus der Hand zu geben und Verantwortung für das Ergebnis zu übernehmen.

Ich weiß, dass es vielen meiner Kursteilnehmer ebenso geht und dass sie immer wieder in eine ähnliche Lage geraten. Sie sind gute Zuhörer und können auf andere eingehen. Wenn es aber dann darum geht, ihre eigenen Anliegen zu vertreten, dann scheitern sie. Sie hören zu, folgen den Argumenten des Gegenübers, lassen sich durch seine oder ihre Argumente durch das Gespräch führen, sehen die Angelegenheit durch seine Augen. Die Gegenargumente erhalten dann Macht. Sie werden groß und bedeutungsvoll, während die eigenen Argumente schmelzen und an Gewicht verlieren. Sie geraten nun in die Anziehungskraft ihres Gegenübers, verlieren die Energie und das Vertrauen in ihr eigenes Anliegen. Sie erkennen den Horizont nicht mehr. Sie haben die Orientierung verloren.

Sie können dem entgehen, wenn Sie einen Kompass entwickeln, der Ihnen in dieser Situation den Weg weist. Ich gehe mittlerweile nur noch mit dem Mission-Control-Kompass in wichtige Gespräche. Zusammen mit den anderen Praxistipps, die ich hier beschreibe, wäre das Gespräch mit dem Verhandlungsteam völlig anders verlaufen, hätte ich diesen eingesetzt.

Was eine Mission Control bei meinen Verhandlungen mit Nestlé verändert hätte

Alles wäre anders gewesen. Ich hätte die Kontrolle und die Verantwortung für das Gespräch übernommen, statt diese an das Nestlé-Team abgegeben. Zuerst einmal hätte ich mich im Vorfeld beim Einkaufsteam gemeldet und versucht herauszufinden, was ihre Ziele sind für dieses Gespräch. Dann hätte ich ein Profiling erstellt. Ich hätte auf einer Agenda bestanden und hätte diese Agenda beeinflusst. Ich hätte nicht zugelassen, dass man von dieser Agenda abweicht. Ich hätte als Einstieg in einer Präsentation aufgezeigt, wie und unter welchen Umständen die Cailler-Kampagne entstanden ist und was die Schwierigkeiten und Herausforderungen gewesen sind.

Ich hätte vorab formuliert, was mein Anliegen ist, nämlich eine neue Basis für eine vertrauensvolle Zusammenarbeit mit dem neuen Managementteam in Vevey zu finden. Ich hätte ein klares Ziel für das Meeting gesetzt, nämlich Transparenz zu schaffen. Ich hätte dafür gesorgt, dass nicht erwartet wurde, dass wir in diesem einen Meeting

Übereinstimmung erzielen würden, sondern hätte vorgeschlagen, ein zweites oder gar ein drittes Meeting anzusetzen. Ich hätte einen emotionalen Kompass gesetzt und mir vorgenommen, in den Gesprächen kompetent und selbstbewusst aufzutreten, rational zu argumentieren, gleichzeitig aber auch den Stolz zum Ausdruck zu bringen, Teil einer starken Lösung gewesen zu sein.

4 Wie Sie den Kompass ins Spiel bringen

Mission Control ist im Instrumentarium der Überzeugungstechniken der Kompass, der Ihnen im Gespräch Richtung und Orientierung gibt. Sie legen damit fest, was Ihr Anliegen ist, was Sie im Gespräch erreichen wollen und wie Sie sich im Gespräch verhalten werden. Mission Control erlaubt es Ihnen, wieder auf den festgelegten Kurs zurückzukehren, wenn Sie abgedrängt werden.

Wie jede Technik, die ich hier vorstelle, ist Mission Control sehr einfach und benötigt keine langen Vorbereitungen.

Mission Control beantwortet folgende drei Fragen:

- Was ist mein Anliegen?
- Was möchte ich im kommenden Gespräch erreichen?
- Wie verhalte ich mich?

Punkt 1: Was ist mein Anliegen?
Fassen Sie Ihr Anliegen in Worte. Um was geht es Ihnen? Was wollen Sie eigentlich? Es ist ein Phänomen, dass wir häufig nicht wissen, was wir wollen. Tatsächlich habe ich mir vor dem Gespräch mit dem Team von Nestlé keinerlei Gedanken dazu gemacht, was eigentlich mein Anliegen war, während Nestlé ein klares Ziel vor Augen hatte: „Die Agenturhonorare liegen deutlich über der Benchmark und müssen minimiert werden."

Wir sind vielleicht der Meinung, wir wüssten, was wir wollen, dabei handelt es sich eher um ein unbestimmtes Gefühl, dass sich etwas ändern sollte. Dieses unbestimmte Gefühl drückt sich dann in unbestimmten

Aussagen aus, wie zum Beispiel: Wir müssten eigentlich mehr in Social Media machen. Wir müssten mehr für die Kultur im Unternehmen tun. Wir müssten eigentlich mehr Geld für Forschung und Entwicklung ausgeben. Sie sagen sich vielleicht: „Ich müsste für meine Arbeit eigentlich besser bezahlt werden." Ich habe mir im Falle von Nestlé gesagt: „Die müssten eigentlich erkennen, was wir geleistet haben, und verstehen, dass unsere Honorare unter den außerordentlichen Umständen gerechtfertigt waren." Die schlechte Nachricht für Sie: Damit erreichen Sie nichts. Warum tun wir das? Wieso bleiben wir so vage und unbestimmt? Ist es vielleicht die Angst davor, Verantwortung für unser Anliegen zu übernehmen? Eines ist mir klar geworden: Diejenigen, die ein konkretes Bild, eine konkrete Vorstellung von dem haben, was sie wollen, und dies auch zum Ausdruck bringen, bestimmen den Kurs. Sie setzen die Agenda und erhalten dadurch meist das, was sie wollen.

Der erste Punkt im Mission Control ist es folglich, Ihre Absicht in ein Anliegen zu formulieren. Im Falle der Nestlé Gespräche hätte ich es folgendermaßen formulieren können: Meine Anliegen ist es, eine neue Basis für eine vertrauensvolle Zusammenarbeit mit dem neuen Managementteam in Vevey zu schaffen, die Bedenken wegen der hohen Kosten ernst zu nehmen und gemeinsam eine innovative, faire Lösung für die Zukunft zu finden.

Punkt 2: Was möchte ich im kommenden Gespräch erreichen?
Gehen Sie nicht in ein wichtiges Gespräch, ohne sich vorher zu überlegen, welches konkrete Ergebnis Sie erzielen wollen. Sie formulieren aber nicht irgendein Hirngespinst eines Ergebnisses, sondern etwas, das Sie in diesem ersten Gespräch auch tatsächlich erreichen können. Überzeugen ist ein länger dauernder Prozess, kein einzelnes Ereignis. Der Prozess des Überzeugens, der Weg von einem Nein zu einem Ja, besteht aus mehreren Schritten und Phasen. Es geht darum, dass Sie dem Ja bei jeder Phase, bei jeder Etappe einen Schritt näherkommen. Sie gehen also stufenweise vor. Sie öffnen in kleinen Schritten die Türe und bereiten so die Entscheidung zum Ja vor.

Angenommen, Sie haben eine Geschäftsidee, wie zum Beispiel Michael Wiedemann, ein Freund von mir, der die Transaktionsplattform

„Brixel" für den Verkauf von Immobilien schuf und nun einen Investor für das Start-up suchte. Tatsächlich hatte er einen möglichen Investor identifiziert und auch einen Gesprächstermin erhalten. Michaels Anliegen war klar. Er brauchte für sein Start-up eine Kapitalzusage von einer Million Schweizer Franken. Sein Ziel für das erste Gespräch war nun aber nicht, eine Zusage für die Million zu erhalten, sondern erst einmal Neugierde für sein Projekt zu schaffen und die Zusage zu erhalten, einen Businessplan anzuschauen und vielleicht sogar mitzuhelfen, diesen zu gestalten und zu prägen. Er würde es im Mission Control so formulieren: „Das Ziel dieses ersten Gespräches ist es, Neugierde für meine Geschäftsidee zu schaffen und die Bereitschaft zu erzielen, unseren Businessplan anzuschauen." Durch dieses schrittweise Vorgehen kommen wir viel eher ans Ziel als durch unrealistische Erwartungen, die nur Enttäuschung und Frustration hervorrufen. Zudem hat die Person nie den Eindruck, dass sie unter Druck gesetzt wird. Setzen Sie das Ziel so an, dass Sie es erreichen können. Sie wollen ein Erfolgserlebnis, nicht ein Misserfolgserlebnis. Betrachten Sie Überzeugen als eine Exkursion, mit mehreren Etappen. Sie wollen nicht schon in der ersten Etappe abstürzen, weil Sie einen zu schwierigen Weg gewählt haben.

Punkt 3: Wie verhalte ich mich im Gespräch?
Ich möchte bei Ihnen das Bewusstsein wecken, dass Sie die Tonalität in einem Gespräch prägen können. Sie können sich entweder an der Stimmung des Gegenübers orientieren und sich dieser anpassen, oder Sie beeinflussen den Ton, in dem das Gespräch stattfindet. Lassen Sie mich ein Beispiel geben, um dies zu verdeutlichen.

Stellen Sie sich vor, Sie werden in das Büro einer Person geführt, die Sie von Ihrem Anliegen überzeugen wollen, vielleicht ein möglicher Kunde. Er hat Ihnen am Telefon widerwillig einen Termin von 30 Minuten gewährt. Bei Ihrem Besuch rutscht er hinter seinen zwei Computerscreens gestresst auf seinem Stuhl herum. Sein Handy liegt auf dem Tisch und knurrt ununterbrochen. Dann sagt er zu Ihnen unwirsch: „Wie heißt Ihre Firma wieder? Wer sind Sie eigentlich, und was wollen Sie? Mehr als 15 Minuten habe ich nicht für Sie." Es ist schwer, hier nicht die Fassung zu verlieren, wenn Sie vorher nicht definiert haben, mit welcher

Tonalität Sie Ihr Anliegen vertreten werden: Zum Beispiel: „Ich bleibe ruhig, auch wenn mein Gegenüber nervös ist. Ich vertrete mein Anliegen mit Enthusiasmus, unabhängig von den Umständen und dem Sarkasmus meines Gegenübers." Wenn Sie dies für sich festgelegt haben, dann wird man Sie nicht so leicht aus der Bahn werfen.

5 Wie mich ein Konzernchef aus der Fassung brachte

Ich kann mich an ein Gespräch mit Oswald Grübel erinnern. Der Credit Suisse Marketingchef hatte unser globales Kommunikationsmandat völlig unerwartet gekündigt und wollte eine andere Agentur ins Spiel bringen. Das war eine Katastrophe für unsere Agentur und bedeutete, dass ich zehn bis 20 Mitarbeitende entlassen müsste. Ich fand die Kündigung ungerechtfertigt und bat um einen Termin beim Konzernchef Grübel. Er hat sich sehr für Werbung interessiert und war bei den wichtigen Präsentationen immer dabei. Nichts verließ das Haus, ohne dass er es vorher gesehen hätte.

So empfing er mich in seinem Büro am Paradeplatz. Nichts hat mich auf das vorbereitet, was ich dort antraf. Es war ein strahlender Frühlingstag. Die Sonne schien grell über Zürich. Doch in Grübels Büro waren die Jalousien heruntergelassen und es drang nur wenig Licht durch. Ich musste mich erst an die Dunkelheit gewöhnen. Grübel saß an seinem Schreibtisch. Das Gesicht lag im Dunkeln, umgeben von einem merkwürdigen Halo. Kaum eine Begrüßung: „Nehmen Sie Platz", in seiner typisch rauen Stimme. Dann: „Erzählen Sie mal." In einer solchen Situation lohnt es sich, genau zu wissen, was man will und wie man sein Anliegen vorbringt. Ich wusste klar, was ich wollte. Mit meinen Emotionen hatte ich allerdings Mühe. Ich wollte die Kündigung rückgängig machen, und wenn dies nicht möglich wäre, zumindest erreichen, dass wir die Chance hätten, den Auftrag in einem Pitch zu verteidigen. Das war mein Ziel. Den richtigen Ton allerdings habe ich nicht getroffen. Die Situation in Grübels Büro hat mich aus der Bahn geworfen. Ich wollte, ich hätte mir das vorher überlegt und mich nicht derart überraschen lassen. Ich habe mich in meinem Verhalten von Grübel bestimmen und dominieren lassen. Das Schweigen von Grübel und das Bewusstsein, aus dem Dunkeln gemustert zu werden, verunsicherten mich und machten mich wütend. Ich interpretierte das Schweigen als Ablehnung. „Ok. Jetzt habe ich nichts mehr zu verlieren", dachte ich und projizierte meinen ganzen Ärger auf den Marketingchef. Grübel selber konnte ich nicht angreifen. Ich bezichtigte den Marketingchef der völligen und totalen Inkompetenz und beschrieb ihn als Versager, als Bürokraten, als jemanden, der keine Ahnung von den wirklichen Bedürfnissen der Kundinnen und Kunden hat und der nicht weiß, wie man mit einer Agentur umgeht. Nach kurzer Zeit sagte Grübel in etwa Folgendes: „Nun, ist das alles? Dann können Sie jetzt gehen." Es war eines der kürzesten Meetings, das ich je an der Bahnhofstraße hatte. Ich dachte mir noch: „Das ist effizientes Management. Der verliert keine Zeit mit Banalitäten und Smalltalk."

Als ich das Büro verließ, wusste ich, dass ich hier nie mehr auftauchen würde. Ich hatte meine Chance verspielt. Mir war klar, was die Konsequenzen dieser Niederlage bedeuteten: die Entlassung von etwa 15 Mitarbeitenden. Ich hätte eine Chance gehabt, die Agentur als kreativ und kompetent zu positionieren, welche die schwierige Situation der Credit Suisse versteht und weiß, wie man mit verunsicherten Anliegen und Kunden spricht. Ich hätte die Chance gehabt, mich als Person zu manifestieren, die auch in schwierigen Situationen Sicherheit ausstrahlt. Stattdessen war ich verbittert, frustriert und rachsüchtig. Ich kehrte niedergeschlagen ins Büro zurück. Nun, einige Wochen später kam ein Anruf mit der Einladung zum Pitch. Wir konnten unser Mandat verteidigen und haben es schlussendlich auch wiedergewonnen. Wohl nicht wegen, sondern trotz meines Verhaltens.

Wir sind in der Lage, unsere Tonalität zu bestimmen
Es lohnt sich, sich im Vorfeld zu einem Gespräch einen emotionalen Kompass zu setzen und sich an diesem Kompass zu orientieren statt an der emotionalen Verfassung des Gegenübers. Ohne Kompass werden Sie unweigerlich von den Emotionen des Gegenübers mitgerissen, vom cholerischen Chef etwa oder von der Negativität eines Mitarbeitenden. Wir können uns im Vorfeld überlegen, ob wir im Gespräch emotional oder rational sind, ob wir kompromissbereit sind oder Druck ausüben wollen,

ob wir freundlich oder distanziert sind, leidenschaftlich oder sorgenvoll. Glauben Sie mir, das funktioniert.

Stellen Sie sich vor, Sie halten bei einem neuen Kunden eine Präsentation und die Teilnehmenden hängen gelangweilt in ihren Stühlen. Der Projektleiter gähnt, ein anderer liest auf seinem Handy, einige wenige hören zu und scheinen auch interessiert zu sein. Bereiten Sie sich auf diese Situation vor. Lassen Sie sich nicht vom Anschein täuschen. Sie wissen nicht, was der Grund für dieses Verhalten ist. Strahlen Sie Optimismus, Energie und Leidenschaft aus, und Sie werden die Stimmung wenden. Bestimmen Sie dies aber im Vorfeld des Meetings.

6 Die Erkenntnis: Mission Control ist der Kompass zum Erfolg

Wenn Sie nicht wissen, was Sie wollen, können Sie auch nicht überzeugen. Ein Überzeugungsgespräch ist eine Expedition, kein Sonntagsspaziergang. Ein Sonntagsspaziergang führt Sie irgendwohin, ganz nach Ihrer Lust und Laune, während eine Expedition ein klares Ziel kennt. Eine Expedition planen Sie sorgfältig. Ein wichtiges Element des Planes ist Mission Control. Damit definieren Sie Ihr Anliegen, legen fest, was Sie im kommenden Gespräch erreichen wollen und wie die Tonalität sein soll. Wenn Sie dies nicht tun, laufen Sie Gefahr, dass Sie sich am Anliegen und an der Gefühlswelt des Gegenübers orientieren. Diese Gefahr besteht dann besonders, wenn Sie ein guter Zuhörer sind und gelernt haben, auf Ihr Gegenüber einzugehen. Das ist gut und wichtig, ist dann allerdings kontraproduktiv, wenn Sie Ihr eigenes Anliegen hinter das Ihres Gegenübers stellen oder wenn Sie sich von der Gefühlslage des Gegenübers bestimmen und dominieren lassen.

Mission Control ist ein einfaches Führungsinstrument. Es ist wie ein Kompass, den Sie bei sich haben. Ein Kompass allein bringt Sie noch nicht ans Ziel, dafür braucht es mehr. Ohne Kompass geht es natürlich auch. Sie kommen damit auch irgendwohin, aber nicht unbedingt dorthin, wo Sie hinwollten. Viele Gespräche, die Sie führen, scheitern daran, dass Sie nicht wissen, was Sie wollen, dass Sie sich dem Anliegen und der Stimmung Ihres Gegenübers anpassen, anstatt selbst den Ton und die Agenda zu setzen. Es liegt an Ihnen, dies zu ändern. Bereiten Sie sich im Vorfeld eines Meetings vor, mit den drei Aspekten der Mission Control.

Das Gespräch wird anders verlaufen. Das verspreche ich Ihnen.

Tipp 5: Schlüsselversprechen
Sie können niemanden überzeugen, wenn Sie nichts versprechen

Inhaltsverzeichnis
1 Um was es geht.. 70
2 Nutzen Sie das Bild der Waage... 70
3 Welche Schlüsselversprechen die Entscheidungs-Waage kippen
   können.. 72
4 Über Barrieren: Der hässliche VW Käfer....................................... 74
5 Über Werte: Kraftvoller Treiber bei Entscheidungen.................. 76
6 Wie Sie mit 60 einen Job finden... 79
7 Die Erkenntnis: Mit drei Schlüsselversprechen ins Schwarze treffen....... 83

Ich stelle Ihnen in diesem Kapitel die drei Schlüsselversprechen vor, welche die Waage der Entscheidung zu Ihren Gunsten bewegen:

1. Zeigen Sie mit einem Versprechen den Nutzen ihres Anliegens auf.
2. Bauen Sie mit einem weiteren Versprechen die Barrieren ab.
3. Appellieren Sie an die Wertehaltung.

1 Um was es geht

Wir stoßen nun zum Kern der Überzeugung vor: den Argumenten, die Sie im Überzeugungsgespräch einsetzen können. Ich nutze dafür den Begriff Schlüsselversprechen, der sich vom englischen Marketingbegriff Key Promise ableitet. Wieso ein Versprechen? Schauen wir einmal in die Politik. Wie soll ein junger Politiker, der sich für ein neues Amt bewirbt, gewählt werden, wenn er keine Versprechen dazu abgibt, was seine Politik bewegen oder verändern kann? Denken Sie an Barack Obama mit seinem Versprechen: „Yes, we can!" Sein Versprechen war glaubwürdig. Es ist eng mit seiner persönlichen Geschichte verbunden. Es ist Obama immer wieder gelungen, den Widrigkeiten und Umständen zu trotzen und unmögliche Dinge möglich zu machen. Er war der erste Schwarze, der Präsident der Harvard Law Reviews wurde. Er hat trotz aller Schwierigkeiten eine Reform der Todesstrafe in seinem Staat eingeleitet. „Und nun behaupten die Leute, wir könnten Washington nicht ändern? Ich bin Barack Obama und sage: Yes. We can!" Barack Obama hat bewiesen, dass er es schaffen kann. Dieser Hintergrund hat seinem Versprechen Glaubwürdigkeit, Kraft und Wirkung verliehen. Die meisten Versprechen finden Sie allerdings in Marketing und Verkauf. Zum Beispiel die Versprechen der Migros „Ein M besser", von BMW „Freude am Fahren" oder das von L'Oréal „Weil ich es mir wert bin".

Ich werde Ihnen in diesem Kapitel aufzeigen, wie Sie mit drei gezielt eingesetzten Schlüsselversprechen die Chance zur Zustimmung erhöhen. Es ist nicht die Anzahl der Argumente, die den Unterschied ausmacht, sondern es sind die Inhalte, und dass diese wie ein Schlüssel zum Schlüsselloch des Profils passen.

2 Nutzen Sie das Bild der Waage

Kennen Sie den Begriff „eine Entscheidung abwägen"? Der Begriff ist treffend und hilft uns zu verstehen, wie wir entscheiden und wie wir Entscheidungen beeinflussen können. Stellen Sie sich eine analoge Waage vor mit zwei Waagschalen und Gewichten. Wenn die Gewichte in den beiden Schalen gleich schwer sind, ist die Waage im Gleichgewicht. Wenn Sie nun aber in eine Schale mehr Gewicht legen, senkt sich die Waage. Beim Entscheiden haben Sie in einer Schale alle Argumente, die für ein Ja sprechen, z. B. den Nutzen Ihres Angebotes oder Ihres Projektes für die Person, die Sie überzeugen wollen, und in der anderen Schale die Nachteile, wie zum Beispiel Kosten und Zeitaufwand, die eine Entscheidung mit sich bringen, Aspekte also, die eine Person davon abhalten könnten, Ja zu sagen. Wenn das Gewicht in der Ja-Schale größer ist als das Gewicht in der Nein-Schale, senkt sich die Waage zu einem Ja. Die Person wird zustimmen. Oder anders formuliert: Wenn der Nutzen größer ist als die Nachteile, entscheiden wir uns in der Regel für ein Ja. Nicht immer, Sie haben recht, darauf komme ich noch zurück. Beim Entscheidungsgespräch geht es also darum, dass Sie die Ja-Schale füllen und die Nein-Schale erleichtern. Das erreichen Sie, indem Sie den Nutzen Ihres Angebotes oder Ihres Projektes durch die Schlüsselversprechen aufzeigen, sichtbar und erlebbar machen und die Nachteile, die in unterschiedlichen Formen auftreten können, zum Beispiel als Vorurteile abbauen und entkräften. Ich verspreche Ihnen, diese Vorgehensweise ist nicht so schwierig und gelingt in mehr Fällen, als Sie denken. Bleiben Sie dran und folgen Sie meinen Gedanken.

Die hier vorgestellten Techniken helfen Ihnen dann am meisten, wenn die Entscheidungs-Waage im Gleichgewicht ist, wenn Nutzen und Kosten in der Wahrnehmung ungefähr gleich hoch sind und sich eine Person nicht leicht entscheiden kann. Beides ist möglich: ein Ja und ein Nein. Wenn Ihr Angebot keinen Nutzen hat und nur Kosten, dann helfen Ihnen die besten Techniken nichts. Wenn Ihr Vorschlag nur Vorzüge hat und keine Nachteile, braucht es wohl auch kein Überzeugungsgespräch – die Sache spricht für sich. Aber haben Sie nicht auch schon einmal die Erfahrung gemacht, dass viele Entscheidungen nicht getroffen werden, weil sich weder ein klares Nein noch ein klares Ja aufdrängt? Wenn sich die Menschen nicht entscheiden können, wenn sie sowohl das eine tun könnten als auch das andere? Hier bringen Sie mit den Praxistipps Bewegung ins Spiel. Denken Sie an die „Swing Voters" in den USA, die unentschiedenen Wähler. Die Wahlkampfgelder gehen nicht in die Staaten, in denen die Entscheidungen schon klar sind. Das wäre eine Verschwendung von Zeit, Geld und Energie. Sondern in die Staaten mit den unentschiedenen Wählern. Hier liegt das Potenzial.

3 Welche Schlüsselversprechen die Entscheidungs-Waage kippen können

Ich zeige Ihnen nun, dass es ein Leichtes ist, eine festsitzende Waage in Bewegung zu bringen. Es braucht dafür zwei Dinge:

- das Profil der Person, die Sie überzeugen wollen (Tipp 3), und
- die passenden emotionalen und rationalen Schlüsselversprechen.

Stellen Sie sich das Profil als die Form eines Schlüssellochs vor, zu dem Sie nun den passenden Schlüssel brauchen, die Schlüsselversprechen. Mit diesen öffnen Sie das Schloss und die Türe. Was sind nun die drei Schlüsselversprechen? Es sind ganz einfache Dinge:

- Schlüsselversprechen 1: Zeigen Sie mit einem Versprechen den Nutzen ihres Anliegens auf.

- Beispiel Wenn Sie zustimmen, den Mitarbeitenden einen Erfolgsbonus zu zahlen, werden Sie mehr einnehmen als Sie an Boni auszahlen.

- Schlüsselversprechen 2: Bauen Sie mit einem weiteren Versprechen die Barrieren ab.

- Beispiel Ich weiß, dass ich für diesen Job eigentlich zu jung bin und über zu wenig Erfahrung verfüge, dafür aber habe ich viele starke und neue Ideen, welche wieder Bewegung in den Markt bringen.

- Schlüsselversprechen 3: Appellieren Sie an die Wertehaltung.

Beispiel Wenn Sie mich in den Verwaltungsrat wählen, sorge ich dafür, dass wir nachhaltiger produzieren und eine besseres Risikomanagement betreiben. Ich weiß, wie wichtig Ihnen das ist.

Geben Sie zu jedem Versprechen eine Begründung. Ohne Begründung ist Ihr Versprechen eine Behauptung. Eine Behauptung löst Irritation aus und ist kontraproduktiv. Wenn Sie Ihr Versprechen dagegen begründen, wird es glaubwürdig und nachvollziehbar.

Beispiel Wenn Sie zustimmen, den Mitarbeitenden einen Erfolgsbonus zu zahlen, werden Sie mehr einnehmen als Sie an Boni auszahlen.

Begründung Ich habe bereits in meinem letzten Unternehmen einen Erfolgsbonus eingeführt. Die Lohnkosten sind nur geringfügig gestiegen. Die Umsätze haben sich aber um 20 % erhöht.

Beispiel Ich weiß, dass ich für diesen Job eigentlich zu jung bin und über zu wenig Erfahrung verfüge, dafür aber habe ich viele starke und neue Ideen, welche wieder Bewegung in den Markt bringen.

Begründung Ich habe beobachtet, dass Sie mehrere Anläufe bei jungen Zielgruppen unternommen haben, ohne Erfolg. Ich bin ein absoluter Crack in den sozialen Medien. Diese Erfahrung werde ich einbringen.

Beispiel Wenn Sie mich in den Verwaltungsrat wählen, sorge ich dafür, dass wir nachhaltiger produzieren und ein besseres Risikomanagement betreiben. Ich weiß, wie wichtig Ihnen das ist.

Begründung Das Unternehmen ist zu hohe Risiken eingegangen. Der Gewinn ist zwar gestiegen, aber das Reputationsrisiko ist gewaltig. In den letzten Jahren musste das Unternehmen mehrere Millionen für Prozessrisiken zurückstellen.

Diese drei Aspekte können wie eine magische Formel wirken: Nutzen aufzeigen, Barrieren abbauen, Appell an die Wertehaltung. Womöglich, wenn überhaupt, haben Sie in Ihren bisherigen Gesprächen vielleicht den Nutzen Ihres Vorschlags aufgezeigt. Sie sind aber kaum auf die Barrieren eingegangen, auf die Nachteile, welche Ihr Vorschlag hat und die eine Zusage verhindern. Damit nehmen Sie sich die Chance, die Nachteile zu entkräften.

Die drei Aspekte können auch einzeln funktionieren und ausreichen, denn es gibt Anliegen, bei denen der Nutzen so klar auf der Hand liegt, dass Sie sich darauf beschränken können. Es gibt andere Beispiele, bei denen Sie sich auf den Abbau der Barrieren konzentrieren können. Dann gibt es andere Fälle, bei denen Ihr Vorschlag der Person keinen Nutzen bringt, aber auch keine großen Nachteile. Es besteht einfach Desinteresse der Sache gegenüber. Hier geht es darum, die Werte in den Vordergrund zu stellen.

Warum es nicht um Ihren Nutzen geht
Mir scheint, dass es vielen Menschen schwerfällt, ihr Anliegen aus der Sichtweise des Gegenübers zu betrachten. Fakt ist: Wenn Ihr Gegenüber keinen Nutzen für sich sieht, wird es nicht zustimmen. Ich kann mich an einen Mitarbeiter erinnern, der zu mir ins Büro kam und forderte: „Ich arbeite nun schon mehr als drei Jahren bei euch und habe in dieser Zeit nie eine Lohnerhöhung erhalten. Nicht eine einzige. Jetzt brauche ich aber eine Lohnerhöhung. Wir kriegen unser zweites Kind, und wir ziehen in unser neues Haus um. Mit dem aktuellen Gehalt schaffe ich das nicht." Sie merken beim Lesen wohl selbst, dass dies keine gute Taktik ist. Es geht in der Überzeugungskommunikation darum, den Nutzen für die Person, die wir überzeugen wollen, aufzuzeigen, und nicht den Nutzen, den wir selbst von einer Entscheidung erwarten. „Eigentlich offensichtlich", denken Sie. Doch beobachten Sie sich selbstkritisch. Betrachten Sie Ihr Anliegen wirklich durch die Augen der Person, die Sie überzeugen wollen, und überlegen Sie sich wirklich, welchen Nutzen Ihr Projekt für diese Person hat?

4 Über Barrieren: Der hässliche VW Käfer

Selbst wenn einer Person der Nutzen klar und deutlich vor Augen geführt wird, kann es sein, dass sie Nein sagt, weil ihr noch irgendetwas zum Ja-Sagen fehlt. Es sind die Barrieren, die Nachteile, die Ihr Vorschlag mit sich bringt. Das können Vorurteile sein, Unsicherheiten, aber auch echte

Kosten in Form von Geld oder aufzuwendender Zeit. Wir machen uns meist keine großen Gedanken dazu, was diese Hindernisse sind, was eine Person davon abhalten könnte, unserem Vorschlag zuzustimmen. Das heißt aber nicht, dass keine Hindernisse vorhanden sind. Es spricht bloß niemand drüber. Wenn Sie aber nicht darüber sprechen, dann können Sie die Argumente auch nicht entkräften. Sprechen Sie diese an und bauen Sie die Vorurteile ab, die Unsicherheit, die Angst, sich zu entscheiden. Zeigen Sie auf, dass eine Zustimmung mehr Vorteile als Nachteile hat.

It's ugly. But it gets you there
Ich möchte Ihnen ein Beispiel geben, wie ein Unternehmen die Barrieren angesprochen und erfolgreich abgebaut hat, ja geradezu den Nachteil zu einem Vorteil gewandelt hat. Das Ereignis liegt zwar 50 Jahre zurück, ist aber derart bemerkenswert, dass das Beispiel auch heute noch gut illustriert, was ich mit „Barrieren abbauen" meine. Es geht um Autowerbung in einer Zeit, als der amerikanische Traum so eindrückliche Namen hatte wie Buick Riviera, Ford Mustang, Dodge Challenger, Chevrolet Camaro, Chrysler Imperial, Lincoln Continental. Und dann gab es da – aus der Sicht der Amerikaner – das hässliche Entlein aus Deutschland: den VW Käfer. Wer will schon einen hässlichen Käfer kaufen, wenn das Autoideal mehr wie ein Kampfflugzeug aussieht? Stellen Sie sich nun vor, Sie wären verantwortlich dafür, den Amerikanern dieses kleine hässliche Entlein zu verkaufen. Was würden Sie tun? Würden Sie so tun, als ob der Käfer einfach eine kleine Version des amerikanischen Traums wäre? Zum Beispiel: „Sieht fast so aus wie ein Ford Impala, einfach kleiner?" Nein. VW hat einen anderen Weg gewählt. Es war die Zeit der Begeisterung über die Mondlandung von Apollo 11. Die NASA hatte das Unglaubliche geschafft und zwei Männer erfolgreich auf den Mond gebracht. Das Landefahrzeug war nun allerdings keine Designerrungenschaft. Aber es hat funktioniert und unter schwierigsten Umständen geliefert. Es hatte die beiden Männer sicher auf den Mond gebracht und wieder zurück zu ihrem Raumschiff im Orbit um den Mond. So sah man auf der Anzeige nicht einen VW Käfer, sondern

das Mondlandefahrzeug der NASA, mit der Schlagzeile „It's ugly. But it gets you there." und dazu das VW Logo. „Es ist hässlich. Aber es bringt Sie ans Ziel." VW hatte den Nachteil des Stylings zu einem Vorteil gemacht und die deutsche Zuverlässigkeit und Ingenieurkunst glaubhaft ins Spiel gebracht. Die Anzeige ging in die Geschichte der Werbung ein. Die Marketing- und Mediazeitschrift „Ad Age" hat die Anzeige zur besten Anzeige aller Zeiten erkoren. Die Kampagne war so erfolgreich, dass VW viele Jahre die populärste importierte Automarke in den USA war.

5 Über Werte: Kraftvoller Treiber bei Entscheidungen

Menschen sind nicht die rationalen Wesen, wie sie in der Wirtschaftslehre dargestellt werden. Es sind nicht immer die rationalen, also die objektiv messbaren Vorzüge oder Nachteile, welche eine Entscheidung ausmachen. Man kauft keine Patek Philippe-Uhr, weil sie präziser und zuverlässiger ist, ganz im Gegenteil. Eine Luxusuhr bringt nur Nachteile. Sie ist weniger präzise als eine billige Quarzuhr. Sie haben hohe Reparaturkosten, Besitzer laufen Gefahr, beraubt zu werden, haben hohe Versicherungskosten und benötigen einen Safe zur Aufbewahrung. Wenn Sie also rational entscheiden würden, wenn Sie eine Uhr suchen, die präzise ist, zuverlässig und preiswert, dann würden Sie keine Patek Philippe Complication für mehr als 100.000 Schweizer Franken kaufen, sondern eher eine Citizen oder eine Swatch. Die Gründe zum Kauf einer Luxusuhr sind emotionaler Natur, häufig auch verborgen: der Wunsch, sich von der Masse abzuheben, die Suche nach Status und Prestige, Freude an der Uhrmacherkunst oder ganz einfach, weil Geld keine Rolle spielt.

Dies ist der Grund, weshalb Markenwerbung selten rationale Vorzüge kommuniziert und verspricht, sondern sich auf die emotionalen Aspekte konzentriert wie Lebensfreude, Anerkennung, Status, Genuss, Freundschaft, Zugehörigkeit, Liebe und Glück. Es geht in der Imagewerbung immer um Werteaspekte und um Ziele, die man sich im Leben stellt und welche ein bestimmtes Produkt oder eine bestimmte Dienstleistung zu erreichen verspricht.

Vielleicht haben Sie ein Anliegen oder ein Projekt, das keinen unmittelbaren Nutzen hat, aber Ihnen dennoch wichtig ist. Vielleicht bringt es für die Person, die Sie von Ihrem Anliegen überzeugen wollen, sogar Nachteile oder erst einmal Kosten oder benötigt viel Zeit, ohne Aussicht auf kurzfristigen Erfolg: Wenn Sie zum Beispiel ein Start-up gründen, das lange Jahre keinen Gewinn abwerfen wird. Wenn Sie als junge Person, mit wenig Erfahrung einen Job suchen oder als ältere Person wieder ins Berufsleben einsteigen wollen. Wenn Sie das Managementteam davon überzeugen wollen, während einer Krise auf seine Boni zu verzichten oder eine freiwillige Lohnkürzung hinzunehmen. Wenn Sie Gelder für einen guten Zweck sammeln. In all diesen Fällen ist die Motivation zu einem Ja nicht der persönliche Nutzen, sondern die Wertehaltung. Die Wertehaltung ist ein kraftvoller Treiber für Entscheidungen: in der Politik, in der Erziehung, bei Umweltfragen und natürlich in der Mittelbeschaffung, wie ich Ihnen im folgenden Beispiel aufzeigen werde.

Weshalb ein Milchmann 100.000 Schweizer Franken spendete
Im Juni 2013 ging bei der Fachorganisation für Behinderung eine Spende von 100.000 Schweizer Franken ein. Absender der Spende war ein Mann in einem städtischen Altersheim im Kanton Schaffhausen. Die Höhe der Spende verblüffte mich. Ich wollte den Mann kennenlernen, habe ihn angerufen und gesagt, dass ich gerne vorbeikommen möchte, um mich persönlich zu bedanken. Ich muss gestehen, ich war auch neugierig. Ich wollte wissen, was jemanden antreibt, eine derart hohe Spende noch zu Lebzeiten zu tätigen. Der Mann lud mich in sein winzig kleines Studio im Altersheim ein, Küche, Wohnraum, Schlafzimmer in einem Raum, mit einem kleinen Fernseher auf einer Kommode. „Mir geht es gut", meinte er, „Ich habe alles, was ich brauche. Das Frühstück mache ich hier selbst in der Wohnung. Das Mittag- und Abendessen nehme ich unten mit den anderen Bewohnern ein. So gebe

ich nicht viel Geld aus. In die Stadt gehe ich nie." Er kochte mir einen Tee und nahm mir gegenüber Platz. Während er sprach, schaute er an mir vorbei an die Wand. Dort hing ein Porträt seiner kürzlich verstorbenen Frau. Er erzählte, dass sie es gut hatten zusammen und dass es keinen Tag gebe, an dem er nicht an sie denkt. Er war Milchmann, erzählte er mir. Er hätte zwar nicht viel verdient, aber seine Frau sei sehr sparsam gewesen und hätte immer einen Teil der Einkünfte zur Seite gelegt. Sie hätten aber auf nichts verzichten müssen und sich auch einmal kurze Ferien geleistet. Seine Frau sei nun verstorben, und er hätte sich überlegt, was er mit dem ersparten Geld machen wolle. Viel bräuchte er hier ja nicht. Es wäre für alles gesorgt. Seine Frau hätte viele Jahre kleine Beiträge für Menschen mit einer Behinderung gespendet. Sie würde sich sicher freuen, wenn sie wüsste, dass das Geld, das sie gespart hätten, nun einen guten Zweck erfüllen würde. Das war es also: Seine Frau lebte in seiner Erinnerung weiter. Er wollte ihr damit eine Freude bereiten. Solche und ähnliche Aussagen habe ich häufig von Spendern gehört. „Ich habe gesunde Kinder und bin so dankbar, dass ich es so gut habe im Leben. Ich möchte nun für Menschen, denen es weniger gut geht als mir, einen Beitrag leisten." Sie haben keinen Nutzen von der Spende. Es sind gelebte Werte, die den Ausschlag geben.

Mit 100.000 Schweizer Franken hätte der Milchmann im Altersheim eine größere Wohnung beziehen, neue Möbel, einen großen Flachbildschirm und einen Computer kaufen können. Er hätte eine Freundin zu einer Reise ins Tessin einladen oder bei der Krankenkasse eine Privatversicherung abschließen können. Er hätte jeden Tag in einem feinen Restaurant essen können. Das alles war ihm nicht wichtig. Er hatte alles, was er wollte. Es ging einzig und allein um seine Werte und die Liebe zu seiner verstorbenen Frau.

6   Wie Sie mit 60 einen Job finden

Ich möchte Ihnen ein weiteres Beispiel aus meinem Leben geben, wie man die drei Schlüsselversprechen einsetzt. Ich war um die 60 und merkte, dass meine Zeit in der Werbung zu Ende ging. Obwohl ich vor meinem Weggang das erfolgreichste Jahr in meiner Karriere erlebte. Wir hatten in dieser Zeit mehrere Kommunikationsmandate gewonnen, in einem Jahr den Umsatz verdreifacht, mehr als 60 Mitarbeitende eingestellt und waren trotz hoher Kosten für Neugeschäft sehr profitabel. Aber ich war auch erschöpft, kein Urlaub, den ich nicht für einen Pitch oder für ein wichtiges Kundengespräch unterbrechen musste, kein Wochenende ohne Arbeit. Dann kam die Sinnfrage: Gibt es nicht wichtigere Dinge zu tun? Muss ich meine Lebensenergie wirklich dafür einsetzen, mehr Schokolade zu verkaufen, mehr Flugreisen, mehr Autos, mehr Telecom-Abos, um mehr Umsatz und Gewinn zu machen?

Ich war unzufrieden, und das spürte man auch, und so stieg ich aus der Werbung aus. Nun stand die Frage im Raum: Was mache ich mit mir? Zurück in die Kommunikationsbranche und wieder so arbeiten wie früher? Ausgeschlossen! Zur Ruhe setzen? Kommt nicht infrage! Nein, ich wollte die Arbeit weiterführen, die ich nebenbei in der Agentur geleistet hatte, indem wir Mandate im sozialen Bereich Pro Bono betreuten, aber diese nun zur Hauptaufgabe machen. Ich wollte nun etwas tun, hinter dem ich voll und ganz stehen konnte. Ich wollte einen Beitrag leisten für die Umwelt, für Menschen, denen es weniger gut ging – etwas tun, auf das ich am Abend stolz sein konnte.

Dann sah ich auf einem Onlineportal eine Ausschreibung der größten Fachorganisation für Menschen mit einer Behinderung. Sie suchte eine verantwortliche Person zur Spendensuche bei Stiftungen und reichen Privatpersonen, einen erfahrenen Fundraiser oder eine Fundraiserin, die viele Jahre mit einer ähnlichen Aufgabe erfolgreich war. Ich beschloss, mich zu bewerben, obwohl mein Profil in keiner Art und Weise den Anforderungen entsprach.

Versetzen Sie sich die Lage dieser Organisation. Diese erhielt nun um die 100 Bewerbungen: Männer und Frauen im besten Alter, zwischen 30 bis 40 Jahren, mit einer Ausbildung und einem Abschluss in Fundraising, mit entsprechender Berufserfahrung und Leistungsnachweisen. Und dann gab es da meine Bewerbung: Ein Mann um die 60, am Ende seiner Karriere, Ex-Inhaber und Chef einer großen Kommunikationsagentur. Interessant zwar, aber ziemlich ungewöhnlich und schwierig. Die Bedenken liegen auf der Hand: Er ist zu alt. Er verunsichert ein junges Team. Er wird das Team dominieren. Er hat das noch nie gemacht. Er hat keinerlei Beziehung zu unseren Themen und Anliegen. Er wird sich an keine geregelten Arbeitszeiten halten. Er wird eine Sonderbehandlung wünschen. Er wird sich nicht integrieren und einfügen. Er wird nach kurzer Zeit wieder gehen, und dann stehen wir wieder am Anfang. Es ist ein großes Risiko, ihn anzustellen. Interessante Bewerbung zwar, aber eher nicht. Auf der Nutzenseite steht die Möglichkeit oder Hoffnung, dass er wirklich gut ist, neue Impulse bringt und erfolgreich Geld von Stiftungen und Privatspendern einbringt. Auf der Entscheidungs-Waage sah die Situation für mich also schlecht aus. Die Bedenken waren deutlich größer als der mögliche Nutzen.

Umso mehr hatte ich den Ansporn, die Entscheidungs-Waage zu meinen Gunsten zu beeinflussen und die Stelle zu erhalten. Die Neugierde der Organisation war zunächst so groß, dass ich in die engere Auswahl kam und mich die Leitung zu einem ersten Gespräch einlud, dann zu einem zweiten und schlussendlich zu einem dritten Gespräch. Die Skepsis war jeweils mit Händen zu greifen. Im dritten Gespräch wurde mir eröffnet, dass es nun ein Kopf-an-Kopf-Rennen wäre zwischen mir und einer erfahrenen, jüngeren Bewerberin, welche genau dem Profil entspricht, ganz im Gegensatz zu mir. Ich kann mich noch gut an das Gespräch erinnern. Die Direktorin war da, die Personalchefin, die Leiterin Fundraising und der Leiter Marketing und Kommunikation. Sie alle wollten sich ein Bild von mir machen und mich testen. Die Gruppe war freundlich, zuvorkommend und neugierig zu erfahren, was ich zu bieten hätte, aber auch skeptisch. „Danke für Ihre Bewerbung Herr Schmid. Wir finden diese sehr interessant. Sie sind nun in der Endrunde. Wir müssen uns nun zwischen zwei Personen entscheiden, einer jüngeren Bewerberin, welche schon eine ähnliche Aufgabe hatte, und Ihnen. Herr Schmid, was hat Sie dazu bewogen, sich bei uns zu bewerben? Und was können Sie uns bieten?"

Dies waren meine drei Schlüsselversprechen

Also habe ich meine drei Schlüsselversprechen formuliert: Nutzen aufzeigen, Barrieren abbauen und Werte aufzeigen, eingepackt in Geschichten, Erlebnisse und Erfahrungen. Immer mit einer Begründung versehen, sonst sind es Behauptungen und keine Versprechen. Sie erinnern sich.

Welchen Nutzen ich versprach

Fundraising ist eine Überzeugungsaufgabe. Es geht darum, Menschen und Stiftungen zu überzeugen, etwas Unwahrscheinliches zu tun, nämlich Geld auszugeben, ohne einen Gegenwert zu erhalten. Es gibt kaum eine schwierigere Aufgabe. Zudem kämpfen immer mehr Organisationen um Spenden und der Kampf ist hart und unerbittlich. Ich bewundere alle Menschen, die hier erfolgreich sind. Es macht nun keinen Unterschied, ob Sie jemanden überzeugen wollen, Ihre Dienstleistung zu kaufen oder ihr Produkt, oder einen Investor davon, Ihre Businessidee mitzufinanzieren. Oder in einem Wettbewerb einen neuen Kunden zu gewinnen. Die Techniken der Überzeugung sind dieselben. Wenn man in einem Bereich erfolgreich überzeugen kann, wird man dies auch in einem völlig anderen Bereich schaffen. Überzeugen war immer mein Berufsinhalt und ich war sehr erfolgreich. Ich möchte meine Fähigkeiten nun in einem anderen Bereich einsetzen, für Menschen mit einer Behinderung. Ich möchte Sie dabei unterstützen, bei reichen Privatpersonen und Stiftungen einen echten Durchbruch zu erzielen. Ich bin der festen Überzeugung, dass mir dies gelingen wird. Ich brauche dafür kein volles Arbeitspensum von 100 %. Es reichen dafür 60 % oder gar nur 50 %.

Begründung Ich weiß, wie man Menschen, Teams und Organisationen überzeugt und wie man sie für seine Ideen und Anliegen gewinnt. In den letzten zwei Jahren habe ich mit meinem Team acht von zehn Wettbewerbspräsentationen gewonnen und mitgeholfen, dass unsere Agentur zu den erfolgreichsten der Schweiz gehört. Diese Fähigkeiten habe ich mir über Jahre erworben. Sie können also davon ausgehen, dass ich überzeugen kann – diesmal aber für Ihre Arbeit.

Mit welchem Versprechen ich die Barrieren abbaute
Ich verstehe die Motivation von reichen Menschen, was sie bewegt zu spenden oder daran hindert. Das liegt daran, dass ich selber fast 60 bin – so wie auch die Zielgruppe zur älteren Generation gehört. Denn viele reiche Menschen stehen am Ende ihrer Karriere oder haben sie gar hinter sich. Man muss das Geld erst einmal verdienen, bevor man es verschenken kann. Viele Spender haben ihr Vermögen bereits gemacht und müssen nicht mehr arbeiten. Es ist ein großer Nutzen, jemanden wie mich in der Organisation für diese Aufgabe zu haben, der sich in einer ähnlichen Lebenssituation befindet. Darum ist es kein Nachteil, älter zu sein, sondern ein großer Vorteil. Ich verstehe diese Menschen und weiß, wie man sie ansprechen muss und überzeugen kann.

Begründung Ich habe nach Jahrzehnten im Business ein großes Netzwerk von vermögenden Menschen um mich. Ich weiß, wie sie ticken. Ich kenne ihre Motivation und ihre Bedenken Spenden gegenüber, was sie bevorzugen und was sie ablehnen. Diese Erfahrung werde ich in meine Aufgabe einbringen.

Welche Werte ich versprach
Sie engagieren sich als Organisation für Menschen mit einer Behinderung. Sie sollen am Leben teilnehmen können, beruflich wie privat, ohne Einschränkungen. Ich bewundere Ihre Arbeit und finde, dass Sie einen großen Beitrag zur Verbesserung der Lebensqualität leisten. Ich setze mich wie Ihre Organisation auch für eine Welt ein, in der alle Menschen eine Chance haben und einander auf Augenhöhe begegnen. Dafür muss man allerdings Hindernisse beseitigen.

Begründung Ich habe selber ein Patenkind mit einer Behinderung und sehe, wie sehr es von vielen Aktivitäten ausgeschlossen ist. Ich habe aber auch gesehen, wie bereichernd und wertvoll die Beratung Ihrer Fachstelle für mein Patenkind war.

Die Entscheidung: von einem Nein zu einem Ja
Das Gremium hörte mir zu, und ich spürte noch im Gespräch einen Meinungswandel. Die Skepsis wich, und ich merkte, wie die Gruppe anfing, die Chancen darin zu sehen, jemanden wie mich für diese Aufgabe einzustellen. Sie fing an, Vertrauen zu mir zu finden. Noch auf dem Heimweg bekam ich einen Anruf, dass das Gremium sich für mich entschieden hätte und sich auf die Zusammenarbeit freute. Für mich war dies nicht einfach ein Job. Es war der Beginn einer neuen Lebensphase, die viel Positives ausgelöst hat. Ich bin in einem Moment von der Märchenwelt der Werbung in die Realität des Lebens gerückt. Ich habe gesehen, unter welchen schwierigen Umständen Menschen mit einer Behinderung leben, wie schwierig es für sie ist, am Leben teilzuhaben und welche gewaltigen Barrieren sie zu überwinden haben. Ich habe aber auch erlebt, wie viele Menschen es gibt, die bereit sind, sich für Menschen mit einer Behinderung einzusetzen, und welch großartige Arbeit diese Fachorganisation leistet.

7 Die Erkenntnis: Mit drei Schlüsselversprechen ins Schwarze treffen

Wir gehen nun davon aus, dass Sie sich als Ihre eigene Werbeagentur verstehen (Tipp 1 – Haltung) und dass Sie eine Beziehung mit der Person aufgebaut haben, die Sie überzeugen wollen (Tipp 2 – Wellenlänge). Diese hört Ihnen zu und ist wohlwollend gegenüber Ihren Anliegen, Projekten und Ideen. Sie haben auch ein Profil der Person erstellt und haben sich überlegt, was die Wertehaltung dieser Person ist und welche Ziele sie in ihrem Leben hat (Tipp 3 – Profiling).

Zudem wissen Sie genau, was Sie erreichen wollen (Tipp 4 – Mission Control), und haben sich überlegt, welchen Nutzen Ihr Angebot für genau diese Person hat oder was Sie daran hindert, Ja zu sagen.

Nun brauchen Sie also den passenden Schlüssel für das individuelle Schlüsselloch Ihres Gegenübers. Sie wollen die Tür mit dem richtigen

Schlüssel öffnen. Dabei gehen Sie, wie oben schon beschrieben, wie folgt vor:

1. Zeigen Sie mit einem Versprechen den Nutzen ihres Anliegens auf.
2. Bauen Sie mit einem weiteren Versprechen die Barrieren ab.
3. Appellieren Sie an die Wertehaltung.

Das machen Sie nicht eine plumpe und aufdringliche Art. In Teil III „Überzeugen in Aktion" zeige ich Ihnen auf, wie Sie die drei Schlüsselversprechen so spannend erzählen, dass die Zuhörenden förmlich in Ihre Geschichte hineingezogen werden (Tipp 8: Storytelling).

Tipp 6: Touchpoints
Einmal ist keinmal. Nutzen Sie die Regel der 7 Kontakte

Inhaltsverzeichnis

1 Um was es geht 86
2 Wie ein Start-up-Unternehmer seine Zweifler überzeugte 88
3 Wie wir aus einem Großbanken-Pitch eine Kampagne machten 93
4 Wie Flippern Ihnen im Alltag helfen kann 95
5 Wie die Zeugen Jehovas erfolgreich flippern 96
6 Die Erkenntnis: Es ist eine Kampagne – nicht nur ein Pitch 97

In diesem Kapitel zeige ich auf, dass wir meist zu früh aufgeben. Wir erwarten, dass wir Meinungen in einem oder zwei Gesprächen ändern können. Das gelingt durchaus bei einfachen Anliegen. Wenn es allerdings um komplexe Fragen geht, wie eine Lohnerhöhung, eine Beförderung oder um ein Investment in ein Start-up, braucht es mehrere Gespräche, mehrere Touchpoints, mehrere Pitches.

© Der/die Autor(en), exklusiv lizenziert durch Springer Fachmedien Wiesbaden GmbH, ein Teil von Springer Nature 2022
K. Schmid, *Überzeugen im Business*, https://doi.org/10.1007/978-3-658-36564-6_7

1 Um was es geht

Vor vielen Jahren schon hat sich der Begriff „Elevator Pitch" in den Sprachraum der Geschäftswelt geschlichen. Die Idee des Elevator Pitch ist einfach. Stellen Sie sich vor, Sie steigen in einem Bürohochhaus in den Fahrstuhl und treffen dort unvermittelt Ihre Chefin. Sie nutzen nun die Zeit im Fahrstuhl dazu, diese von Ihrem wichtigen Projekt zu überzeugen. Hierfür haben Sie höchstens wenige Minuten Zeit, in denen Sie den Elevator Pitch vollziehen: Sie formulieren ein paar Sätze, die so überzeugend sind, dass Ihre Chefin Ihrem Vorschlag begeistert zustimmt, wenn Sie auf ihrer Etage angelangt ist. Roger Ailes, der Gründer des erfolgreichsten Fernsehsenders in den USA „Fox News" hat es in seinem Buch „You Are the Message" etwas anders ausgedrückt: Wenn Ihre Businessidee auf der Rückseite einer Visitenkarte keinen Platz findet, ist sie nichts wert. Eine weitere Herangehensweise: Zünden Sie ein Streichholz an. Bis es abgebrannt ist, sollten Sie Ihr Anliegen auf den Punkt gebracht haben.

Das sind starke und hilfreiche Überlegungen. Ohne Elevator Pitch können Sie 200 Stockwerke hochfahren und Ihre Chefin starrt Sie immer noch ratlos an. Es ist erstaunlich zu sehen, wie wenige Menschen in kurzen Sätzen sagen können, für was ihr Unternehmen, ihr NGO oder ihr Start-up steht. Aber es ist falsch zu schlussfolgern, dass man die Chefin im Fahrstuhl in einem einzigen Gespräch restlos überzeugen kann. Überzeugen ist viel mehr als bloß ein Set von klaren Informationen und starken Argumenten.

Es ist eine Kampagne – nicht nur ein Pitch.
Überzeugen ist ein Prozess, der beim Gegenüber ein Umdenken erfordert. Das braucht Zeit, mehrere Kontakte und eine Wiederholung der Botschaften aus unterschiedlichen Blickwinkeln. Das amerikanische Pharma-Marketing nutzt dafür die Formel „The Rule of Seven". Die Regel besagt, dass es mindestens sieben Kontakte (oder auch Pitches) braucht, um von einem Nein zu einem Vielleicht und dann zu einem Ja zu kommen.

Tipp 6: Touchpoints

Es ist wie beim Flippern. Sie haben eine Kugel und versuchen, so viele Punkte wie möglich zu machen, indem Sie die Kugel immer wieder zu den Berührungspunkten führen. Sie werden die Kugel nicht beim ersten Schuss einlochen.

Ich zeige auf, dass es sich lohnt, wichtige Anliegen als eine Kampagne zu sehen, die sich zeitlich vielleicht über Monate erstrecken kann. Innerhalb dieser Kampagne entwickeln Sie eine klare Mission, mit Zielen für jeden Kontakt und jedes Gespräch. Sie kreieren die Argumente und Versprechen, verbessern diese im Laufe der Zeit und verbreiten diese über die geschaffenen Berührungspunkte. Sie werden innerhalb dieser Kampagne auf Zuspruch und Ermutigung stoßen, aber auch immer wieder auf Zweifler, Verhinderer und auf Ablehnung. Sie lassen sich dadurch aber nicht stoppen, sondern bauen Ihr Netz der Überzeugung aus, bis Sie Zustimmung für Ihr Anliegen oder Ihr Projekt erhalten.

Sie fragen sich jetzt vielleicht: Ist das wirklich notwendig? Ja, wenn Ihnen Ihr Anliegen groß und wichtig genug erscheint. Dann gibt es keine Abkürzung zur Vollendung. Nein, wenn es für Sie keine Rolle spielt, ob Sie gewinnen oder verlieren. Sie werden in Ihrem Leben immer wieder in Situationen geraten, in denen sich dieser Aufwand lohnt. Zum Beispiel, wenn Sie ein Start-up gründen, einen Verleger für Ihr Buch suchen, Geld für ein Hilfsprojekt sammeln, wenn Sie einen wichtigen Kunden gewinnen wollen, den Verwaltungsrat davon überzeugen wollen, Ihrer neuen Strategie zuzustimmen, oder z. B. den Gemeinderat davon, in Ihrem Dorf ein Schwimmbad zu bauen.

Lassen Sie mich an einem Beispiel aufzeigen, was ich meine. Ich lade Sie nun auf eine Zeitreise ein. Es geht um ein interkontinentales Projekt eines jungen genuesischen Start-up-Unternehmers, und wie es ihm gelungen ist, skeptische Inverstoren von seinem Projekt gigantischer Dimension zu überzeugen. Er hat dafür acht Jahre gebraucht.

2 Wie ein Start-up-Unternehmer seine Zweifler überzeugte

Der Plan war wagemutig und groß. Die Gewinnaussichten waren gigantisch, die Einstiegskosten aber so hoch, dass es in ganz Europa nur gerade drei bis vier Familien gab, welche über die Mittel und Möglichkeiten verfügten, das Projekt zu finanzieren. Eine Zustimmung bedeutete, die Geschichte zu verändern und die Machtverhältnisse zu verschieben. Die Zweifel an den Erfolgsaussichten waren allerdings fast unüberwindbar.

Es geht um Christoph Kolumbus und seinen Plan, einen Seeweg nach Indien und China zu finden und so die begehrten Güter wie Seide, Damast, Gold, Edelsteine oder Gewürze kostengünstig und sicher nach Europa zu bringen. Christoph Kolumbus wird als der größte Entdecker und Seefahrer gefeiert. Das wirklich Geniale an Christoph Kolumbus war allerdings seine Fähigkeit zu überzeugen. Es gab zu der Zeit Dutzende von Seefahrern, die alle in der Lage gewesen wären, den Weg zu öffnen und die neue Welt zu entdecken. Was den Unterschied ausmachte, waren seine Hartnäckigkeit und Resilienz, die Fähigkeit, niemals aufzugeben und die Menschen für sein gigantisches Projekt zu gewinnen, trotz Zweiflern und Zauderern. Kolumbus glaubte unerschütterlich an seine Idee. Er hatte eine klare Vision und Mission. So baute er über die Jahre ein Netzwerk an Beziehungen auf, nutzte einflussreiche Persönlichkeiten, die ihm wiederum den Zugang zu den Entscheidungsträgern gewährten. Er erhielt immer wieder Zuspruch und Ermutigung, stieß aber noch häufiger auf Ablehnung, auf Zweifler und Verhinderer. Er ließ sich dadurch aber nicht stoppen, sondern blieb im Gespräch, bis sein Projekt Zustimmung und die Finanzierung erhielt. Seine erste Seereise dauerte zwölf Wochen, die Überzeugungskampagne aber acht Jahre.

Kolumbus erhält, was er will
Kolumbus war bereits 10 km außerhalb von Granada, als ihn ein Bote der Königin Isabella einholte und zurück zum Hof brachte. Dort eröffnete man ihm, dass der Hof entschieden hätte, seine Expedition zu finanzieren und sämtliche Forderungen zu erfüllen. Dies, nachdem der Hof noch Tage zuvor die Verhandlungen abgebrochen und die Forderun-

gen als unverschämt abgetan hatte. Der Hof garantierte nun die Finanzierung eines großen Teils der Expeditionskosten. Zudem wurden Kolumbus die Titel „Admiral der Weltmeere" und „Vizekönig" über sämtliche neu entdeckte Regionen und Länder zugesprochen. Der Vertrag sicherte ihm einen Anteil von 10 % an allen Gewinnen, die durch die Erschließung der neuen Märkte erzielt würden, zu. Die Titel und Rechte waren zudem vererbbar. Dieser Vertrag war ein überwältigender Triumph für Kolumbus, nach jahrelangen mühsamen Gesprächen und zähen Verhandlungen mit Portugal und Spanien. Kolumbus zeigte in Hunderten von Gesprächen auf, dass es möglich ist, „Asien" über den westlichen Seeweg zu erreichen und so den Handel mit Indien und China auszuweiten. Die Transportkosten für Seide, Damast, Gold und Edelsteine, Porzellan und Gewürze würden drastisch sinken. Die Gewinne aus dem Handel mit diesen neuen Ländereien wären astronomisch hoch. Die Menschen in diesen Ländern würden sich in Scharen zum Christentum bekehren. Die Erde sei zudem rund und das Ziel erreichbar.

War es einfach? Nein. Wie Sie gleich lesen werden, war es ein zermürbender Kampf gegen eine Vielzahl von Bürokraten, die in jeder Veränderung eine Gefahr sahen und jeden Vorwand nutzten, um seine Pläne zu vereiteln. Kaum hatte er die Königin oder den König begeistert und überzeugt, traten die Berufszauderer des Hofes auf den Plan und vereitelten seine Bemühungen.

Es ist eine Kampagne – kein Verkaufsgespräch.
Schon mit 23 Jahren reifte in Kolumbus der Gedanke, eine Westroute nach China und Indien zu eröffnen. Der Arzt und Mathematiker Toscanelli ermutigte ihn in einem Brief zu diesem Schritt: „Der genannte Weg ist nicht nur möglich, sondern wahr und sicher", schrieb er. Zehn Jahre später, im Jahre 1484, präsentierte Kolumbus dem portugiesischen König Joao II seine Vision und einen ausgereiften Umsetzungsplan. Zuerst lief alles gut. Der König erkannte das enorme Potenzial und beauftragte seine Berater, den Plan zu prüfen. Doch dann kam der Rückschlag: Der Plan sei unmöglich auszuführen und nicht finanzierbar. Die Distanzen seien zu groß, meinte die Kommission. Sie rieten vom Vorhaben ab. Der König folgte ihrem Rat, wohl auch weil er von Plänen von portugiesischen In-

vestoren wusste, eine östliche Seeroute über den Süden von Afrika zu finden. Kolumbus war nach der Absage erst einmal am Boden zerstört. Er hatte seine ganze Energie und Zeit in dieses Projekt gesetzt. Er war mit seinem Plan gescheitert und finanziell ruiniert. Dazu kamen noch persönliche tragische Umstände durch den Tod seiner Frau Filipa.

Aufgeben war keine Option
Er raffte sich wieder auf, nahm seinen kleinen Sohn Diego und verließ Portugal, um seine Idee der spanischen Krone zu unterbreiten, und wollte seinen Sohn auf dem Weg in der Franziskaner-Klosterschule La Rábida unterbringen. 1486 traf er im Franziskanerkloster La Rábida ein. Er hoffte auf die Unterstützung der Mönche des Klosters, vor allem von Abt Francisco Jiménez de Cisnero, dem Beichtvater der spanischen Königin Isabella. Nach anfänglichem Zögern sahen die Mönche in der Mission von Kolumbus das Wirken Gottes und gaben Kolumbus ein Empfehlungsschreiben, das ihm Zugang zum Hof verschaffte, der sich zurzeit in Córdoba befand. Columbus fasste neuen Mut, reiste mit dem Empfehlungsschreiben im Gepäck in das 200 Meilen entfernte Córdoba und erhielt im Mai 1486 die Gelegenheit, sein Lebensprojekt Königin Isabella I von Kastilien vorzustellen. Kolumbus erwartete viel von diesem Gespräch. Spanien war eine aufsteigende Weltmacht und die Königin war intelligent und ehrgeizig. Das Gespräch verlief gut und freundlich. Die Königin hörte aufmerksam zu und es schien, als würde sie die Chancen für Spanien erkennen. Kolumbus erwartete von diesem ersten Gespräch keine Zusage, zumindest aber, dass die Königin das Potenzial des Unternehmens für Spanien erkennen und sein Unterfangen prüfen würde. Dies sagte Isabella auch zu und beauftragte eine königliche Kommission mit einer Machbarkeitsstudie. Kolumbus hatte nun eine wichtige Zwischenetappe erreicht.

Die Kommission kam zu keinem Entschluss. Befürworter und Gegner hielten sich die Waage. Man wollte Kolumbus aber auch nicht abreisen lassen, denn man befürchtete, dass Portugal, Frankreich oder England in das Projekt einsteigen würden, und sagte eine finanzielle Unterstützung bis zur endgültigen Entscheidung zu. Eine bittere Enttäuschung für Kolumbus, der eine Zusage erwartet hatte und sich danach sehnte, die Reise endlich anzutreten. Er entschloss sich dazu, Druck auf den Hof auszuüben, und schrieb noch einmal an den portugiesischen König. Der Seeweg war für beide Länder für ihre Expansionspläne von strategischer Bedeutung. Kolumbus traf König Joao II im Dezember 1488 zu einem zweiten Gespräch. Der Termin fiel allerdings mit der Rückkehr des portugiesischen Seefahrers Bartolomeu Dias zusammen, der die Südspitze von Afrika erfolgreich umsegelt und so den Seeweg nach Indien entdeckt hatte. Portugal hatte damit kein Interesse mehr an Kolumbus Plänen.

Nun lag die ganze Hoffnung auf Spanien und auf der Entscheidung der Talavera Kommission. Ende 1490 eröffnete diese ihren Bericht. Die Berater kamen zu dem Schluss, dass das Projekt von Kolumbus nicht funktionieren könne. Der Globus sei viel größer, als Kolumbus berechnet hatte. Es sei unmöglich, dass ein Schiff so weit segeln könne. Ein Engagement sei ein finanzielles und politisches Desaster für Spanien und würde dem Ruf als Weltmacht großen Schaden zufügen. Das war das Ende für seine Pläne, zumindest sah es so aus. Kolumbus war niedergeschlagen, aber aufgeben? Nie und nimmer. Er war zu sehr von seinem Projekt überzeugt. Er hatte noch einen letzten Trumpf auszuspielen: die Mönche im Kloster La Rábida. Sie standen voll und ganz hinter seinen Plänen und ermutigten ihn, niemals aufzugeben und es bei der Königin ein weiteres Mal zu versuchen. Der Prior und Beichtvater der Königin gab ihm zu diesem Zweck eine persönliche Empfehlung mit auf den Weg und Gottes Segen.

Im Dezember 1491 reiste Kolumbus nach Granada, wo der Hof gerade weilte, um Granada und die Alhambra von den Mauren zu übernehmen, und traf die Königin zu einem weiteren Gespräch. Sie verstand, welche Reichtümer der neue Handelsweg bringen würde. Die Staatskassen waren aber nach den langen Kriegen mit den Mauren leer. Wäre dies nicht eine Möglichkeit, diese wieder zu füllen? War es vielleicht sogar Gottes Wille, und hatte er Kolumbus für diese Aufgabe bestimmt?

Die Königin setzte erneut eine Kommission ein. Diese gelangte nach Wochen von heftig geführten Debatten zum Entschluss, der Königin trotz großer Zweifel zu empfehlen, zuzustimmen sowie die Expedition zu erlauben und zu finanzieren. Nun war es allerdings Kolumbus, der blockierte. Seine persönliche Situation war bisher nicht Gegenstand der Verhandlungen. Nun brachte er seine Forderungen ein: Er forderte den Admiralstitel und den Titel als Vizekönig aller neu entdeckten Gebiete, dazu ein Zehntel der zu erwartenden Einnahmen, steuerfrei. Erst dann würde er die Expedition im Namen des spanischen Hofes antreten. Diese Bedingungen seien nicht verhandelbar.

Die Kommission war entsetzt. Was für eine unverschämte Erpressung des Hofes. Was für eine völlig überzogene Forderung, nach Jahren der Verhandlungen, „jetzt, wo wir ihm derart entgegengekommen sind. Der Staat zahlt und trägt das Risiko, aber die Früchte erntet Kolumbus. Auf diesen Handel dürfen wir uns nicht einlassen", schrieb die Kommission sinngemäß und empfahl der Königin, die Verhandlungen sofort abzubrechen. Wiederum stand Kolumbus vor dem Nichts. Er setzte nun alles auf eine Karte. Er musste jetzt ein Zeichen setzen und durfte keinesfalls nachgeben. Im Nachhinein, nach der Reise, würde er nie und nimmer zu Geld und Ehren kommen. Er packte seine Koffer und drohte damit, nun am französischen Hof vorstellig zu werden, dem Erzfeind Spaniens. Er war, wie schon erwähnt, bereits 10 km von Granada entfernt, als ihn die Reiter der Königin abfingen und die Nachricht der Königin überbrachten, dass alle seine Forderungen erfüllt würden. Er würde die beiden Titel erhalten und den Anteil am Gewinn, den er gefordert hatte. Er sollte sofort zurückkehren und die Expedition so schnell wie möglich antreten.

Christoph Kolumbus brauchte acht Jahre Überzeugungsarbeit, schrieb Hunderte von Briefen, hielt Hunderte von Gesprächen, Verhandlungen, Präsentationen, bis die Zustimmung erfolgte. Aber schlussendlich erhielt Kolumbus das, was er wollte. Am 3. August 1492 stach Kolumbus in See und am 12. Oktober 1492 erreichten die Schiffe die neue Welt. Für seine Entdeckung wird Kolumbus als der größte Seefahrer aller Zeiten verehrt. Sein wirkliches Genie aber zeigte sich in der Kraft der Überzeugung und dem strategischen Meisterwerk, wie er ein Netzwerk von Beziehungen und Kontaktpunkten aufbaute und das Denken der Menschen Schritt für Schritt veränderte, bis sie schlussendlich zustimmten.

Hand aufs Herz, liebe Leserinnen und Leser, haben Sie nicht schon Ähnliches erlebt, wahrscheinlich nur in einem kleineren Ausmaß? Sie hatten ein Anliegen, ein Projekt, das Ihnen wichtig erschien. Sie erhielten viel Zustimmung dafür. Es traten dann aber immer wieder Zweifler auf den Plan, welche Ihr Projekt sabotierten. Wie haben Sie reagiert? Haben Sie den Zweiflern recht gegeben? Haben Sie Ihren Plan begraben oder haben Sie ihn optimiert und weitergekämpft?

Wie verhalten wir uns in solchen Situationen? Wenn Sie ein wichtiges und starkes Anliegen haben und man Ihnen dann sagt: „Hm, Ihr Anliegen und Projekt überzeugen mich jetzt nicht wirklich. Ich kann nicht dahinterstehen", holen Sie dann jemanden an Bord, der an Ihre Idee glaubt und Sie ermutigt weiterzumachen und nicht aufzugeben? Haben Sie etwas aus den Absagen gelernt und nach stärkeren Argumenten und Schlüsselversprechen gesucht? Haben Sie schlussendlich Schwachstellen in Ihren Plänen korrigiert und damit nun ein noch besseres Projekt? Oder setzen Sie alles auf einen Pitch und geben dann auf, wenn Sie keine Zustimmung erhalten?

3   Wie wir aus einem Großbanken-Pitch eine Kampagne machten

Ich gebe Ihnen nun ein Beispiel, das etwas näher an unser aller Alltag liegt als das Leben von Kolumbus. Ich hatte dabei allerdings nicht acht Jahre Zeit, um zu überzeugen, sondern nur gerade fünf Wochen und dies unter schwierigen Umständen.

Kommunikationsagenturen kommen meisten durch einen Pitch zu ihren Aufträgen. Wenn ein großer Kunde eine Marketing- und Kommunikationsagentur sucht, geht er stufenweise vor und filtert die für ihn am besten geeignete Agentur heraus. Acht bis zwölf Agenturen kommen in die Vorauswahl, davon scheiden mehr als die Hälfte aus. Vier bis fünf Agenturen erhalten dann eine Einladung zur Teilnahme an einem Pitch. Sie erhalten ein schriftliches Briefing mit einer konkreten Aufgabe und einen Termin für eine kurze Präsentation. Eine solche Präsentation ist im Prinzip ein knallhartes Verkaufsgespräch. Es gibt dabei keine Grautöne, es gibt lediglich Weiß oder Schwarz. Entweder man gewinnt den Auftrag oder man gewinnt ihn nicht. Es spielt keine Rolle, ob Sie Zweiter oder Dritter geworden sind. Gewonnen ist gewonnen und verloren ist verloren. Der Aufwand für eine Agentur bei großen Mandaten ist gigantisch. Verlieren kann man sich nicht wirklich leisten. In dem Fall, den ich hier schildere, ging es um eine Wettbewerbspräsentation für das Mandat einer der größten Schweizer Banken, ein Millionenauftrag über mehrere Jahre. Verlieren war keine Option. Unsere Agentur wurde mit vier anderen Agenturen in die Endrunde aufgenommen und zur Präsentation eingeladen: 30 Minuten für die Präsentation und 15 Minuten für Fragen. Das Wahlgremium bestand aus zwölf Personen, deren Namen und Funktionen uns mitgeteilt wurden. Personen, die wir vorher noch nie gesehen und von denen wir bisher noch nie gehört hatten. Dieses Gremium sollte nun entscheiden, welche Agentur den Auftrag erhielt. Die Jury konzentrierte in der Regel die Präsentationen auf einen einzigen Tag. Das Gremium kam am Morgen zusammen und hörte dann eine Präsentation nach der anderen, im Stundentakt. Das Ziel jeder Agentur war es nun, die kurze Zeit zu nutzen, um aufzuzeigen, dass sie die beste Agentur für die gestellte Aufgabe war und die erfolgversprechendste Lösung hatte. Das war keine Kampagne, wie ich sie hier zuvor geschildert habe. Das war ein knallharter Pitch, mit allen Nachteilen. Es ist schwer, in so kurzer Zeit eine belastbare Verbindung zu den einzelnen Vertretern im Gremium aufzubauen. Ungewöhnliche und mutige Lösungen haben es unter diesen Umständen schwer, sich durchzusetzen.

Mein Ziel war es nun, die Situation umzudrehen und aus diesem Pitch eine Kampagne mit mehreren Kontaktpunkten zu machen. Ich entschloss mich, Folgendes zu versuchen: Wir hatten für die Vorbereitung fünf Wochen Zeit. Wie wäre es, wenn ich eine Art Newsletter schrieb, den ich im Vorfeld der Präsentation jeweils an die Entscheidungsträger mailen würde? In diesem Newsletter würde ich die Themen aufgreifen, welche die Bank und das Team zu der Zeit beschäftigten, nämlich die Frage, wie die Bank mehr Vertrauen schaffen und neue Anleger gewinnen konnte. So verfasste ich einen ersten Newsletter, in dem ich über meine Beziehung zu Geld schrieb, über meine Bedenken beim Geldanlegen, meine eigenen Erwartungen, Hoffnungen und Wünsche in Bezug auf Banken. Ich schrieb über das schlechte Image der Großbanken in der Öffentlichkeit und stellte strategische Überlegungen an, wie man das ändern könnte. Ich habe erst einmal einen Testversand gemacht, um zu sehen, ob ich eine Zurückweisung erhalten würde. Es kam keine Reaktion. Daraufhin habe ich jede Woche am Montag einen kurzen Newsletter an das Auswahlgremium versandt. Insgesamt waren es fünf. Jede Person im Gremium hatte also mindestens sechs Kontakte mit mir. Es war eben eine Kampagne, kein Pitch. Als ich dann fünf Wochen später den Raum betrat, war ich kein Unbekannter mehr. Jede einzelne Person im Gremium kannte mich und unsere Agentur. Sie kannten meine Einstellung zu Großbanken. Sie wussten, wie ich über Geld und über das Anlegen denke. Und sie kannten die ersten strategischen Ansätze, auf denen wir unsere Kampagne aufbauten. Eine Beziehung war hergestellt.

Der Projektleiter hat mir am Schluss gesagt: „Herr Schmid, das war nicht ganz erlaubt, was Sie da gemacht haben. Aber Ihre Gedanken waren interessant und wertvoll. Gut gemacht." Wir haben das Mandat gewonnen.

4 Wie Flippern Ihnen im Alltag helfen kann

Ich möchte Ihnen ein Bild vorstellen, das ich immer vor Augen habe, wenn ich über diesen Aspekt der Überzeugungskommunikation spreche. Es ist der Flipperkasten. Am Beispiel des Flipperkastens kann ich Ihnen die Regel der sieben Kontakte und das Touchpoint-Konzept gut erläutern. Stellen Sie sich einen Flipperkasten vor. Sie begegnen einer strategisch gut durchdachten Anordnung von Kontaktpunkten. Es geht nun darum, diese mit der Kugel zu treffen und so viele Gewinnpunkte wie möglich zu erzielen. Wenn Sie die Kugel einlochen, ohne die entsprechende Anzahl an Kontaktpunkten erreicht zu haben, ist das Spiel vorbei. Es geht also darum, die Kugel so lange wie möglich im Spiel zu behalten.

Im Bild des Flipperns sind Sie der Architekt des Spiels, indem Sie geeignete Kontaktpunkte aufbauen und bereitstellen. Gleichzeitig sind Sie aber auch der Spieler, der die Kugel an die vielen Kontaktpunkte führt und dafür sorgt, dass sie im Spiel bleibt. Wenn die Kugel im Loch verschwindet, ist das Spiel vorbei. Genauso ist es, wenn Sie Ihre Chefin morgens früh im Fahrstuhl ansprechen und nicht erkennen, dass sie mit ihren Gedanken noch ganz woanders ist. Wenn sie sich dann wortlos von Ihnen abwendet und in ihr Büro verschwindet, haben Sie die Kugel im Loch versenkt, statt diese im Spiel zu behalten.

Bei meinem Tipp geht es jetzt darum, die Kugel nicht gleich mit einem Gespräch zu versenken, sondern so viele Kontaktpunkte wie möglich anzusteuern und so Gewinnpunkte zu sammeln. Es geht darum, die Kugel im Spiel zu halten, bis Sie Zustimmung erhalten. Im Spiel des Überzeugens sind die Kontaktpunkte Beziehungen, die Sie knüpfen, Allianzen, die Sie schmieden, persönliche Treffen, Briefe, Meetings, Präsentationen, eine Telefonkonferenz, Verkaufsgespräche, ein Lunch, ein gemeinsamer Kaffee, ein Bier, Empfehlungen, Veranstaltungen, E-Mails, Google Ads, Banner, Telefonate oder eine Webseite. Je nach Ihren persönlichen Überzeugungen und Neigungen, Ihrem Charakter und Ihrer Persönlichkeit werden Sie mehr auf digitale Medien setzen oder auf persönliche Treffen. Sie überlegen sich, welche Kontakte am ehesten Erfolg versprechen, planen diese und setzen diese ein. Auf der Reise der Überzeugung, wenn wir sie einmal so nennen wollen, verändert die Person die Beziehung zu Ihrem Anliegen. Schritt für Schritt schaffen Sie Nähe, machen Sie sie mit Ihrem Anliegen vertraut, zeigen den Nutzen und Wert Ihres Anliegens auf, bauen die Barrieren ab – und im entscheidenden Moment führen Sie die Person zur Entscheidung. Wenn Sie es gut machen, werden Sie eine Wende erzeugen: Erst von einem Nein zu einem Vielleicht – und dann zum Ja.

5 Wie die Zeugen Jehovas erfolgreich flippern

Eine Organisation, die das Prinzip des Flipperkastens gut verstanden hat, sind die Zeugen Jehovas – die Menschen, die stoisch auf der Straße stehen, Traktate anbieten und jeweils zu zweit an Ihre Türe klopfen. Jedes Jahr im Frühsommer erhalten wir unerwarteten Besuch in unserem Haus in Graubünden. Meist kommen sie zu zweit, immer zwei junge Frauen. Damals war ich gerade auf der Terrasse und las ein Buch, als die beiden Damen entschlossen die offene Terrasse betraten und mich sehr freundlich fragten, ob sie kurz mit mir sprechen oder mir etwas zum Lesen geben dürften. „Kein Problem", sagte ich, „Ich möchte mich aber nicht zu Ihrem Glauben bekehren lassen." „Das wollen wir auch nicht, wir wollen einfach mit Ihnen reden", entgegneten sie, „sofern Sie Zeit haben." Ich bin von Natur aus neugierig und hörte ihnen zu. Ihre Botschaften passen nicht wirklich in unsere Zeit. Nicht ganz einfach, Anhänger für diese Ansichten zu gewinnen, dachte ich mir. Der Zuwachs kann also nicht an ihren Botschaften liegen. Es muss etwas anderes sein. Es sind ihre Hartnäckigkeit und Beständigkeit, immer wieder zurückzukehren. Seit jenem Frühsommertag im Jahre 2013 kehrten sie jedes Jahr zurück, meist dieselben zwei Frauen. Das ist gutes Marketing. Sie führen kein Verkaufsgespräch. Sie führen eine Kampagne zur Rettung der Welt und das braucht viele Berührungspunkte und viel Zeit. Die Zeugen Jehovas sind mit ihrer Kampagne sehr erfolgreich. Jahrzehntelang waren sie eine der am schnellsten wachsenden Religionsgemeinschaften der Welt mit einer durchschnittlichen jährlichen Wachstumsrate von 5 %. Um in unserem Bild zu bleiben: Die Zeugen Jehovas haben das Flippern gut verstanden.

6 Die Erkenntnis: Es ist eine Kampagne – nicht nur ein Pitch

Sie haben ein wichtiges Anliegen oder ein Projekt, das Sie wertvoll finden? Gut so. Und es ist dringend? Also lohnt es sich, daraus eine Kampagne zu machen. Es ist ein Irrtum zu glauben und sehr unwahrscheinlich, dass Sie eine Person mit einem einzigen Gespräch in einer schwierigen Entscheidung von einem Nein abbringen können und Zustimmung für Ihr Anliegen erhalten werden, selbst wenn Ihre Argumente stark sind und Ihr Pitch auf den Punkt formuliert ist und sitzt. Sie riskieren ein Nein, unnötigerweise. Der Glaube, ein kurzer, knackiger Pitch reicht für Ihr Anliegen aus, löst nur großen und unnötigen Druck aus – auf Sie selbst und auf die Person, die Sie überzeugen wollen. Sie verlieren dadurch Unbekümmertheit und Gelassenheit, die Sie für ein Gespräch brauchen, und die es Ihnen erlauben, die gleiche Wellenlänge herzustellen und eine Beziehung aufzubauen.

Versetzen Sie sich in die Lage der Person, die Sie überzeugen wollen. Überlegen Sie sich, was es heißt, Ja zu sagen und die Konsequenzen dafür zu tragen. Der Weg von einem Nein zu einem Vielleicht und dann zu einem Ja ist mühsam und steinig. Die Person muss erst einmal den Nutzen Ihres Anliegens und Projektes erkennen und verstehen und dann die Bedenken zurücknehmen. Sie muss erkennen, dass die Vorteile einer Zustimmung größer sind als die Nachteile. Das ist eine Entwicklung, die Zeit in Anspruch nimmt. Dazu sind mehrere Kontakte und mehrere Impulse vonnöten.

Sehen Sie Überzeugen nicht als ein Gespräch an, sondern als einen Prozess, eine Kampagne, die Sie über mehrere Wochen, vielleicht sogar Monate führen. Ja, es dauert länger, aber Sie werden damit mehr Erfolg haben. Die Kampagne besteht aus mehreren Phasen, vielen Gesprächen und Kontaktpunkten. Mit jedem Kontaktpunkt kommen Sie Ihrem Ziel einen Schritt näher. Einen Touchpoint können Sie sich wie einen Impuls vorstellen, einen positiven Impuls, den Sie geben, um eine Entscheidung in Ihre Richtung zu beeinflussen. Manchmal braucht es drei Impulse, manchmal sieben, manchmal Dutzende von Impulsen, bis sich die Entscheidungs-Waage zu einem Ja neigt. Denken Sie an das Beispiel von Kolumbus. Er hat Hunderte von solchen Impulsen gegeben und mehrere Jahre gebraucht, bis der spanische Hof das Einverständnis zur Expedition gegeben und diese finanziert hat. Denken Sie an mein Beispiel vom Flipperkasten. Sie versuchen, die Kugel im Spiel zu behalten und sie an so viele Kontaktpunkte zu führen wie möglich und so die Punktezahl zu erreichen, die es für eine Zustimmung braucht. Touchpoints sind Gespräche, E-Mails, Telefonate, Treffen, ein Businesslunch, eine Empfehlung von anderen Personen, ein Brief, Ihre Webseite, LinkedIn, YouTube, Facebook, Geschenke und Aufmerksamkeiten. Je vielfältiger diese Touchpoints sind, umso erfolgreicher werden Sie sein.

Tipp 7: Der Pitch
Bringen Sie es auf den Punkt

Inhaltsverzeichnis
1 Um was es geht 100
2 Wie die Gewinnformel lautet 101
3 Wie ein Pitch für WWF aussehen könnte 103
4 Die Erkenntnis: Bringen Sie es auf den Punkt 105

Ich habe bei Tipp 6 unter „Touchpoints" geschrieben: „Es ist eine Kampagne – nicht nur ein Pitch". Das heißt aber nicht, dass es keinen Pitch braucht, ganz im Gegenteil. Eine Kampagne besteht aus mehreren Pitches. Wie Sie einen Pitch mit der 3-Stufen-Technik aufbauen und damit eine Handlung auslösen, zeige ich Ihnen in diesem Kapitel auf.

Mit den drei Schritten dieser Technik können Sie in kurzer Zeit das Wesentliche Ihres Anliegens herausfiltern und damit überzeugen:

- Sagen Sie, um was es geht.
- Sagen Sie es.
- Sagen Sie, um was es ging.

1 Um was es geht

Haben Sie manchmal die Tendenz, in Ihren Ausführungen abzuschweifen oder auszuufern? Haben Sie dann auch schon den Blick Ihrer Zuhörer betrachtet, wie sie die Augen fragend nach oben rollen oder sich zur Nachbarin wenden: „Weißt du, was er sagen wollte?" Ein Killer für jedes Überzeugungsgespräch. Um zu überzeugen, braucht es Einfachheit und Klarheit. Doch wie kommen Sie zu Einfachheit und Klarheit? Wie schaffen Sie es, Ihr Gespräch so auf den Punkt zu bringen, dass es eine Wirkung entfaltet? Viele Gegebenheiten, die wir erklären wollen, sind komplex, verschachtelt, widersprüchlich und widerspenstig. Unsere Ideen, Anregungen und Projekte haben nicht nur Vorteile und Nutzen, sie haben auch Nachteile. Häufig, wenn ich eine Präsentation vorbereite, fühle ich mich, als ob ich ein unaufgeräumtes Zimmer betrete, voller offener Kisten mit Büchern und Magazinen, herumliegenden Dokumenten, unaufgeräumtem Geschirr, Anzügen, Hemden, Blusen und Röcken – alles wild verstreut, als ob gerade eingebrochen worden wäre. Ich sehe überall wertvolle Dinge, aber es ist unmöglich, den Überblick über sie zu haben, und somit ziemlich nutzlos. Sie wollen niemanden in dieses unaufgeräumte Zimmer lassen. Genau das tun Sie aber, wenn Sie Ihre Argumente nicht ordnen.

Ein Pitch ist eigentlich nichts anderes als eine Reihe von Entscheidungen, die Sie fällen, und zwar darüber, was wichtig ist und was nicht. Es gäbe Hunderte möglicher Aussagen. Die Frage ist, welche wählen Sie aus und welche zählen wirklich, um zu überzeugen? Welche erachten Sie als relevant und notwendig? Mit welchen Aussagen erzielen Sie die größte Wirkung?

Wie Sie die Essenz finden

Ich werde Ihnen in diesem Kapitel eine verblüffend einfache Technik vorstellen, wie Sie Ordnung in Ihre Gedanken bringen. Roger Ailes hat sie in seinem Buch: „You Are the Message" beschrieben. Die unwichtigen Belange schließen Sie weg, und die wichtigen Aspekte ordnen Sie in wenige Schubladen, in die sie gehören und bei denen sich auch Ihre Zuhörer zurechtfinden. Wenn Sie diese Ordnung geschaffen haben, wenn Sie also die angehäuften Informationen und Gedanken gefiltert und strukturiert haben, und wenn dies in eine Handlungsaufforderung mündet, wenn diese kurz und verständlich ist, dann haben Sie für Ihr Überzeugungsgespräch ein sehr nützliches Werkzeug: den Pitch. Ein Pitch ist die Essenz im Überzeugungsprozess, eine Art Zusammenfassung all Ihrer Aussagen. Der Pitch ist das Angebot, das Sie unterbreiten. Sie zeigen im Pitch auf, um was es geht, was der Nutzen für die Person ist, die Sie überzeugen wollen. Sie bauen die Barrieren und Hindernisse zu einer Zustimmung ab und zeigen die Werte auf, die hinter Ihrem Angebot stehen und die Sie mit der Person teilen. Dann laden Sie die Person zu einer Entscheidung ein, zu einem Ja. Es kann sein, dass eine Überzeugungskampagne aus mehreren Pitches besteht, an jedem Touchpoint, an jedem Berührungspunkt, bis sich die Entscheidungs-Waage immer mehr zum Ja neigt. In der Werbung, im Marketing, bei politischen Kampagnen, in der Erziehung mündet der Pitch häufig in einen Slogan, der wie ein Mantra ständig wiederholt wird, der nachwirkt und so unser Verhalten beeinflusst.

2   Wie die Gewinnformel lautet

Für die drei Stufen der Gewinnformel möchte ich Ihnen gerne ein paar Anregungen und Beispiele an die Hand geben.

Stufe 1: Sagen Sie, um was es geht

Beginnen Sie zum Einstieg mit einer Anekdote, einem überraschenden Statement, Humor, einer Provokation oder Ähnlichem. Verknüpfen Sie diese Einleitung mit den Anliegen der Zuhörer.

Sagen Sie dann, weshalb Sie sprechen und um was es geht.

Beispiel für eine Überraschung mit Humor und Selbstironie Al Gore ist bekannt für seine Einführung „Good morning everybody. My name is Al Gore. I used to be the next president of the United States."

Beispiel für eine Provokation Mein ehemaliger Chef hat meist auf Provokation gesetzt – zum Beispiel auf diese in einem Meeting mit der Swissair-Direktion, als es um die Promotion der First Class ging: „Ich bin wohl der Einzige in diesem Raum, der es sich leisten kann, auch privat First Class zu fliegen."

Beispiel für das Verknüpfen der Aussagen mit den Anliegen der Zuhörer John F. Kennedy in seiner Rede in Berlin im Kalten Krieg: „Ich bin ein Berliner."

Sagen Sie dann, weshalb Sie sprechen und um was es geht. Gehen Sie nicht davon aus, dass die Zuhörenden wissen, von was sie sprechen werden. Erläutern Sie, was das Thema ist und was Sie dazu bewegt, darüber zu sprechen. Damit schaffen Sie einerseits Orientierung und Klarheit und andererseits machen Sie so Ihre Motivation sichtbar.

Stufe 2: Sagen Sie es

- Argument 1 und Begründung
- Argument 2 und Begründung
- Argument 3 und Begründung

Drangsalieren Sie Ihr Gegenüber nicht mit vielen Argumenten. Nutzen Sie die besten Argumente und begründen Sie diese gut. Stellen Sie sich vor, Sie spielen Tennis und Ihr Gegenüber wirft Ihnen gleichzeitig sechs Bälle zu. Sie können nicht einen davon auffangen, so gut Sie auch spielen. Genau so fühlt es sich an, wenn Sie die Person, die Sie überzeugen wollen, mit einer Menge von Argumenten traktieren. Wenn Sie aber ein Argument nach dem anderen zuspielen, wohldosiert, können die Zuhörer diese jeweils auffangen und verarbeiten. Erst damit entfalten sie eine Wirkung. Mit drei Argumenten liegen Sie auf der guten Seite. Drei Argumente kann man sich merken. Zudem können Sie mit drei gezielten Argumenten 80 % der Aspekte abdecken, die für eine Entscheidung relevant sind.

Wichtig ist dabei die Begründung für Ihre Argumente. Ein Versprechen oder ein Argument ohne Begründung ist eine Behauptung und damit kaum wirksam. Erst die Begründung verleiht Ihren Argumenten Kraft, Tiefe und Glaubwürdigkeit.

Stufe 3: Sagen Sie, um was es ging

Wiederholen Sie die Aussage, die Sie bei den Zuhörern hinterlassen wollen, und laden Sie sie zu einer Handlung ein. Formulieren Sie dann nach jedem Gespräch, nach jeder Präsentation, nach jedem Vortrag eine kurze Zusammenfassung, indem Sie die Essenz Ihrer Aussagen wiedergeben.

Oft tun wir uns jedoch schwer, die Zuhörer zum Handeln aufzufordern. Warum ist das so? Ich nehme an, wir wollen nicht den Eindruck erwecken, zu missionieren oder etwas zu verkaufen. Ich habe einmal einen Pfarrer gefragt, weshalb er in seine Predigten und Gespräche keine Handlungsaufforderungen einbaut. Er meinte, das sei nicht gerne gesehen. „Zudem, ein Pfarrer ist nicht im Business der Überzeugung. Wir sind Dienstleister." Wirklich? Ich empfehle Ihnen, in jedes Überzeugungsgespräch, in jeden Vortrag, in jede Präsentation eine Handlungsaufforderung einzubauen. Verstehen Sie mich nicht falsch, ich meine mit Handlungsaufforderung nicht notwendigerweise, dass Sie die Zuhörer auffordern sollen, Ihre Meinung zu übernehmen oder Ihnen etwas abzukaufen, auch wenn dies in bestimmten Situationen durchaus angemessen wäre. Eine Einladung zur Handlung kann auch die Aufforderung sein, einen Gedanken zu untersuchen oder sich gewissen Fragen zu stellen.

Nachfolgend gebe ich Ihnen nun ein Beispiel für die Anwendung der Pitch-Gewinnformel, die Sie aber für jedes andere Thema anwenden können.

3 Wie ein Pitch für WWF aussehen könnte

Ein Stiftungsrat von WWF Schweiz regte kürzlich an, einen Pitch für WWF zu entwickeln. Seine Freunde fragten ihn häufig, was denn WWF eigentlich mache. Jedes Mal würde er dies aus dem Stand heraus erfinden. Wie wäre es nun, meinte er, wenn wir einen kurzen Pitch von wenigen

Sätzen hätten, der den WWF gewinnend, kraftvoll und einladend beschreibt? So haben wir in einer Stiftungsratssitzung eine kurze Übung dazu gemacht. Alle Teilnehmer hatten zwölf Minuten Zeit, um ihren Pitch zu entwickeln. Ich habe die 3-Stufen-Technik benutzt. Im Folgenden finden Sie das Ergebnis – an dem man nun weiter feilen könnte.

Stufe 1: Sagen Sie, um was es geht
„Wissen Sie, was WWF mit Ihrem Geld macht? Guten Tag. WWF feiert dieses Jahr das 60-jährige Bestehen. Mir fällt auf, dass auch nach so vielen Jahren viele Menschen nicht wissen, für was WWF genau steht. Mir ist es wichtig, dies zu klären.

In den 60er-Jahren erschienen im Journal „Observer" eine Reihe von aufsehenerregenden Artikeln mit der Prognose, dass die Wildtiere in Ostafrika innerhalb von 20 Jahren ausgerottet sein würden. Die Artikel waren ein eigentlicher Schocker und Auslöser für die Gründung von WWF. Die Sorgen um unseren Planeten sind in den letzten sechs Jahrzehnten nicht kleiner geworden, sondern dramatischer und gehen weit über den Artenschutz hinaus."

Stufe 3: Sagen Sie es
„WWF hat drei konkrete und visionäre Ziele:

- Null Verlust von natürlichen Lebensräumen
- Null Artensterben
- Halbierung unseres CO_2-Fußabdrucks

Null Verlust von natürlichen Lebensräume WWF engagiert sich dafür, dass 30 % von Land, See und Frischwasser zu geschützten Gebieten erklärt werden, die von der einheimischen Bevölkerung oder von regionalen Communities verwaltet werden.

Begründung Nur ein Beispiel – die Entwaldung. In den letzten 30 Jahren wurde ein Gebiet von mehr als 800.000 Quadratkilometern Primärwald zerstört.

Null Artensterben Wir wollen die Ausrottung der Arten durch menschliche Aktivität völlig stoppen, sodass sich die Populationen wieder erholen und sogar wachsen können. Um das zu erreichen, müssen wir die illegale Übernutzung und den Handel mit geschützten Arten beenden.

Begründung Der globale Living Planet Index 2020 zeigt einen dramatischen Rückgang von Säugetieren, Vögeln, Amphibien, Reptilien und Fischen um 68 % zwischen 1970 und heute.

Halbierung unseres CO_2-Fußabdrucks Der globale CO_2-Fußabdruck und der Ausstoß von Treibhausgasen müssen um die Hälfe reduziert werden. Die Hälfte unser Land- und Ernährungswirtschaft muss nachhaltig bewirtschaftet werden und nachhaltige Fischerei muss verdoppelt werden.

Begründung Wenn wir nichts unternehmen, laufen wir Gefahr, dass die durchschnittliche globale Temperatur um über 2 Grad steigt, mit nicht abzuschätzenden Folgen für die Menschheit. Zwischen 1970 und 2011 zum Beispiel ist der Ausstoß von Treibhausgasen um sagenhafte 78 % gestiegen. Der Hauptanteil stammt von fossilen Brennstoffen."

Stufe 3: Sagen Sie, um was es ging

„**Noch ist es nicht zu spät.** Noch können wir das Schlimmste verhindern: den Verlust von Lebensraum, das Artensterben, die Klimakatastrophe. WWF investiert die Spendengelder gezielt in Projekte mit Hebelwirkung in diesen Bereichen. Wir sind alle gefordert. Engagieren Sie sich mit uns für einen lebendigen und lebenswerten Planeten. Stärken Sie unsere Arbeit. Zusammen schaffen wir es."

4 Die Erkenntnis: Bringen Sie es auf den Punkt

Wir kommen immer wieder in die Lage, dass wir um unsere Meinung gefragt werden. Es kann ein kontroverses Thema sein, zum Beispiel was Sie von einer Frauenquote in Verwaltungsräten halten. Das Thema kann auch komplex sein, zum Beispiel, wie viel Geld Ihr Unternehmen in Forschung und Entwicklung investieren soll. In anderen Fällen haben Sie vielleicht ein konkretes Projekt, zum Beispiel, dass Sie jemanden überzeugen wollen, sich als Vorstandsmitglied in Ihrem Verein zu engagieren. Oder Sie werden eingeladen, auf einer Konferenz für Ihr Thema zu werben, und Sie haben dafür nur zwei Minuten Zeit. Anfänglich sind Sie mit einem Sammelsurium von Gedanken und Argumenten konfrontiert. Nichts ist geordnet, alles ist konfus. Die Pitch-Technik mit ihren drei Stufen (Sagen Sie, um was es geht. Sagen Sie es. Sagen Sie, um was es ging), wie ich Sie in diesem Kapitel aufgezeigt habe, kann Ihre Gewinnformel werden. Versuchen Sie es, Sie werden in wenigen Minuten Ordnung und Klarheit schaffen. Damit steigt die Chance, dass sich die Entscheidungs-Waage von einem Nein zu einem Vielleicht und dann zu einem Ja bewegt.

Wenn Sie die sieben Tipps, die ich Ihnen bisher vorgestellt habe, nutzen, kommen Sie einem Ja schon deutlich näher. Die Tipps sind allerdings etwas technokratisch und unpersönlich. Im folgenden Kapitel lege ich dar, wie Sie eine persönliche Note einbringen und Nachhaltigkeit in Ihre Kampagne bringen.

Teil III

Überzeugen in Aktion

In Teil II habe ich Ihnen sieben Praxistipps vorgestellt, die Ihnen die Türen öffnen. In diesem Teil zeige ich Ihnen anhand von fünf Tipps, wie Sie eintreten und den Raum für sich einnehmen.

Tipp 8: Storytelling
Tipp 9: Überraschen Sie
Tipp 10: Einfachheit
Tipp 11: Gegenseitigkeit
Tipp 12: Auswahl

Tipp 8: Storytelling

Nichts ist so stark wie die Wahrheit. Besonders, wenn sie gut erzählt ist.

Inhaltsverzeichnis

1 Um was es geht 109
2 Wie ich vor Langeweile fast vom Stuhl gefallen bin 110
3 Geschichten aus der Welt des Geschichtenerzählens 112
4 Die Grimm-Technik und wie sie funktioniert 120
5 Die Erkenntnis: Es sind Geschichten, die bleiben, nicht Argumente ... 123

Sagen Sie nie die Unwahrheit. Sie verlieren damit das Wichtigste, was Sie haben: das Vertrauen. Die Wahrheit hat Kraft, vor allem, wenn Sie Bilder im Kopf der Zuhörer schaffen, die nachwirken.

1 Um was es geht

Nun geht es um die Feinheiten, den kreativen Teil, nämlich die Art und Weise, wie Sie die bisherigen Tipps anwenden. Die vorgestellten Techniken sind das Gerüst, anhand dessen Sie Ihr Überzeugungsgespräch aufbauen. Wenn Sie nun aber das Gerüst wegnehmen, sollte etwas Ansehnliches zum Vorschein kommen, etwas, auf das Sie stolz sind. Die Zuhörer wollen nicht das Gerüst sehen. Sie wollen das Gebäude sehen. Ich werde Ihnen zeigen, was notwendig ist, damit Ihre Botschaft haften bleibt. Gute Argumente oder Schlüsselversprechen reichen dafür nicht aus. Es braucht noch etwas anderes: Sie müssen die Argumente gut erzählen. Wieso dies wichtig ist und auf was Sie dabei achten müssen, zeige ich Ihnen in diesem Kapitel.

Wie bitte? Sie können keine Geschichten erzählen?
Sie sind schlecht darin, eine Geschichte zu erzählen? Sie machen das wahrscheinlich auch selten. Eine Geschichte erzählen muss man üben. Einen Witz üben Sie, bis Sie die Pointe herauskristallisiert haben. Ich werde Ihnen am Schluss des Kapitels eine Technik vorstellen, die Sie dabei unterstützt: die „Grimm-Technik". Ich trainiere sie in meinen Workshops. Die Teilnehmenden lade ich dazu ein zu erzählen, weshalb sie ihren jetzigen Beruf gewählt haben. Selbst schüchternen Teilnehmenden gelingt es mit der Grimm-Technik, die Zuhörer in ihren Bann zu ziehen. Dazu kommen wir später.

2 Wie ich vor Langeweile fast vom Stuhl gefallen bin

Weshalb es so wichtig ist, die Argumente in eine Geschichte zu packen, zeige ich Ihnen an der folgenden Begebenheit. Ich suchte eine Beraterin oder einen Berater für unser neu gewonnenes Mandat eines Telekommunikationsanbieters. Unsere HR-Abteilung hatte bereits eine Vorauswahl getroffen und schickte mir drei Kandidaten zu einem Gespräch. Alle drei hatten ausgezeichnete Referenzen und erfüllten sämtliche Anforderungen. An ein Gespräch kann ich mich deshalb erinnern, weil es so schrecklich langweilig war, dass ich handeln musste. Die Unterlagen waren perfekt, der CV vollständig und makellos, die Referenzen alle sehr gut. Das Motivationsschreiben fand ich dann allerdings etwas belanglos.

Der Kandidat schilderte mir im Gespräch nun langatmig seinen Werdegang und wieso er sich bei uns bewerbe. „Ich habe einen Abschluss an der Uni St. Gallen in Marketing und habe dann eine Stelle als Junior Produktmanager bei Unilever angenommen. Das war mein erster Job nach der Uni, war aber nicht das, was ich suchte." Mir ging durch den Kopf, dass ich meine Frau anrufen musste wegen des Elternabends für unsere Tochter. „Konsumgüter haben mich nicht so interessiert, so habe ich mich entschieden, ins Banking zu wechseln. Credit Suisse hat gerade eine Abteilung für Life Cycle Marketing aufgebaut, und ich habe mir gedacht, das kenne ich noch nicht und wäre etwas für mich. Allerdings konnte ich mich da nicht wirklich entfalten. Wirklich entscheiden kann man da nicht. Zudem ist das Umfeld dort nicht stimulierend."

Meine Gedanken wanderten weiter zur Geschäftsleitungssitzung, die in einer Stunde beginnen würde. „Ja, und nach so vielen Jahren bei Credit Suisse möchte ich nun etwas Kreatives machen. Zudem möchte ich einmal auf die Agenturseite wechseln. Das ist eine Erfahrung, die mir noch fehlt." Ich merkte, wie mich die Müdigkeit übermannte. Ich kämpfte buchstäblich gegen den Schlaf und fragte mich: „Was mache ich nun?" Als Berater in einer Marketingagentur müsste es ihm gelingen, die Kunden von unseren Lösungen zu überzeugen, ja, sie zu begeistern. Unsere Kunden interessierte es nicht, ob er einen guten CV hat oder nicht. Sie wollten jemanden sehen, der leidenschaftlich für ihre Anliegen eintritt. Doch wenn er sich selbst nicht vertreten konnte, wie wollte er dann für die Agentur oder unsere Kunden einstehen?

Ich schaffte es nicht, das Gespräch auf die üblichen 60 Minuten auszudehnen. Der Kandidat hatte zwar die Kompetenzen und das Wissen, die es für diesen Job brauchte, aber etwas Wesentliches fehlte: Er konnte sich kein Gehör verschaffen. Er langweilte mich. Ich entschloss mich, ihm die Wahrheit zu sagen, ehrlich und offen, auch wenn es noch so hart war. Jemand musste diesen jungen Mann aufwecken. „Sie können sich nicht vorstellen, wie sehr mich dieses Gespräch langweilt. Sie müssen etwas ändern." Der Kandidat hat mich dann eine Woche später angerufen und gesagt, es täte ihm leid, dass ich diesen Eindruck von ihm gewonnen hätte. In seinem Freundeskreis gälte er als lustig und fröhlich, im beruflichen Umfeld allerdings würde er die Spontaneität verlieren. Dann merke er, wie ihm die Menschen nicht mehr zuhören und abschalten. Er wüsste nicht, woran es läge. Meine Aussage hätte ihn zwar getroffen, aber schlussendlich hätte sie ihm einen Denkanstoß gegeben, woran er arbeiten müsste.

Was glauben Sie, was hätte er anders machen müssen? Was lief falsch? Der Kandidat hat sich mir als Person völlig entzogen. Er hat sich von außen beobachtet und beschrieben, so wie ein Forscher ein Objekt unter einem Mikroskop beschreibt: neutral, passiv und objektiv. Was gefehlt hat, war er selbst. Was gefehlt hat, war eine glaubwürdige, gute Geschichte. Der Kandidat sagte, er würde gerne kreativ arbeiten. Das ist ja genau das, was eine Marketingagentur wünscht. Wäre dies nun nicht eine Gelegenheit, über seine Faszination zu sprechen? Wie glauben Sie, wäre das Gespräch verlaufen, wenn er folgende Geschichte erzählt hätte? „In der Schule war ich gut in allen Fächern: Mathe, Deutsch, Algebra, Französisch. Dies alles fiel mir leicht. Mein Lieblingsfach war allerdings Zeichnen und Malen. Ich kann mich erinnern, wie mir meine Eltern zu Weihnachten einen aufklappbaren dreilagigen Caran d'Ache Farbkasten schenkten, mit 90 bunten Stiften. Ich war so stolz auf diesen Kasten, dass ich ihn überall hinschleppte, in jede Schulstunde. Und während des Unterrichts habe ich gezeichnet. Nein, Grafiker wollte ich nicht werden und als Künstler war ich nicht gut genug. Aber vielleicht bietet sich jetzt eine Möglichkeit, bei Ihnen in der Agentur alle meine Fähigkeiten einzubringen, nicht nur mein Wissen, sondern auch meine Kreativität." Das hätte ich gerne gehört, das hätte mich beeindruckt und eher dazu bewogen, ihn einzustellen.

3 Geschichten aus der Welt des Geschichtenerzählens

Weshalb einem Pfarrer eine BMW-Anzeige nicht aus dem Kopf geht
Überzeugen ist ein kreativer und schöpferischer Akt, nicht nur eine Frage von Strategie und Planung. Stellen Sie sich vor, Sie sind Hersteller eines neuen WC-Reinigers oder vielleicht eines biologischen Schneckenmittels, einer Hightech-Matratze mit einem innovativen Schaumstoffkern oder

vielleicht von Käse. Und nun sollen Sie die Leute dafür begeistern? Ja, wie soll das, vor allem bei sehr austauschbaren Produkten, besser möglich sein, wenn nicht mit Geschichten? Gute Argumente und Schlüsselversprechen sind die Basis. Aber diese müssen in eine Geschichte verpackt werden, welche die Leute gerne hören und die ihnen in Erinnerung bleibt. Es sind nicht die rationalen Argumente und Versprechen, die überzeugen, sondern die Bilder, mit denen diese unterlegt werden.

Kürzlich traf ich einen Teilnehmer, der vor zwei Jahren an meinem Workshop für Pfarrer teilgenommen hatte, und fragte ihn, an was er sich am meisten erinnern könne. „Am meisten kann ich mich an ein BMW-Banner erinnern, das du uns gezeigt hast, aus den USA, um die Kraft von Bildern und Geschichten zu schildern." Man sieht auf dem Bild das Interieur eines BMW M5, einen Hund auf dem Beifahrersitz, dessen Hinterteil durch die Zentrifugalkraft durch die Ritze zwischen Lehne und Sitzkissen gepresst wird. Die Hinterpfoten streckt er in die Höhe. Mit den Vorderpfoten krallt er sich am Sitzkissen fest. Die Aussage: „Unterschätze nie die Zentrifugalkraft eines BMW M5." „Es ist merkwürdig", so der Teilnehmer „Noch heute habe ich dieses Bild vor Augen. Es geht mir nicht aus dem Kopf." Dieses Bild hat sich in sein Gedächtnis eingegraben. „Die Bibel ist ebenfalls voller Geschichten und Bilder", meinte er. Ist dies vielleicht einer der Gründe, warum die Bibel immer noch auf der Welt-Bestsellerliste steht?

Kann man gleichzeitig im richtigen und falschen Zug sitzen?
Geschichten lösen Bilder in uns aus. Diese Bilder können so stark sein, dass sie uns ein Leben lang begleiten und prägen. Nutzen Sie diese Erkenntnis. Dazu fällt mir die folgende Geschichte ein.

Ich habe einen Jugendfreund, dessen Vater Prediger in einer christlichen Missionsgesellschaft war, und so lud er mich zu einer Evangelisationsveranstaltung ein, in ein Zirkuszelt außerhalb von St. Gallen. Ich kann mich gut erinnern. Ich war damals vielleicht zehn Jahre alt. Es war ein warmer Sommerabend. Die Menschen strömten ins Zelt, Mitglieder der Kirche und viele eingeladene Gäste. Die Erregung und Vorfreude waren mit Händen zu greifen. Der Missionar war eine beeindruckende Erscheinung, mit pechschwarzen, mit Gel nach hinten gekämmten Haaren, so wie Elvis Presley. Er lief aufgeregt und händeringend auf der Bühne herum, die Augen aufgerichtet erst zu Gott und dann den Blick hinunter zu uns ins Publikum. „Entweder Sie sitzen im richtigen Zug oder im falschen. Es gibt keinen Mittelweg. Sie können nicht gleichzeitig im richtigen und im falschen Zug sitzen." Einleuchtend? Oder nicht? Zumindest für mich als Kind. Ich sah bildlich all die glücklichen und zufriedenen Menschen im richtigen Zug und die unglücklichen, verzweifelten Fahrgäste im falschen Zug. Menschen, die spätabends am falschen Ende eintreffen und verloren ein Hotel suchen. Kinder, die irgendwo abgesetzt wurden, ohne Geld für die Rückfahrt. Verzweifelte Eltern, die auf ihre verlorenen Kinder warten. Wer will schon im falschen Zug sitzen? So standen Dutzende Menschen auf und strömten nach vorne zum Prediger, um sich zu Gott zu bekehren. Ein Experte für Storytelling hat mir erklärt, weshalb dieses Bild so stark ist: „Das ist Kopfkino! Auch die Elvis-Metapher. Ich sehe den Prediger vor mir! Ich höre das Raunen und sehe zustimmendes Kopfnicken bei seinen Worten. Storytelling funktioniert deshalb so gut, weil es genau diese Multidimensionalität an Bildern, Gerüchen, Stimmungen für unser Gehirn liefert, respektive Informationen so aufbereitet, dass wir sie nacherleben und abspeichern können. Viele Erwachsene verhungern seelisch in der Flut von kognitiven Informationen und Abstraktionen. Das hat keine Substanz und keine Räumlichkeit. Keine Bilder. Keine Stimmungen. Keine Sinnzusammenhänge."

Wie ein Sohn dem sterbenden Vater den letzten Wunsch erfüllt
Nun zurück zur Werbung. Wie wollen Sie die Aufmerksamkeit für Produkte erzeugen, für die sich die Menschen nicht wirklich interessieren – Autoreifen, Waschpulver, Deodorants, Autoversicherungen, Bier –, wenn nicht mit Bildern und Geschichten? Wie wäre es, wenn Sie diese Erkenntnis für Ihre Anliegen nutzen würden? Was würde möglich, was vorher nicht möglich war?

Ich kann mich nach Jahren noch an einen Werbespot unserer englischen Agentur erinnern. Die Bilder sind so eindrücklich und so unverschämt, dass sie nachwirken. In diesem Spot geht es um die Biermarke

Stella Artois, mit ihrem schwer übersetzbaren Slogan „reassuringly expensive", sinngemäß: Unverschämt teuer und unverschämt gut. Oder etwas ausführlicher: Stella Artois ist so teuer, dass Sie sicher sein können, dass es das beste Bier ist, dass es gibt. Das ist zumindest das, was der Spot auf eine verblüffende Art erzählt. Der Spot beginnt mit folgender Szene: Ein alter verlotterter Bauernhof in einer kargen Landschaft, irgendwo in Südfrankreich. Bittere Armut. Raben fliegen ums Haus. Einer setzt sich aufs offene Fenstersims und starrt in den dunklen Raum, in dem ein alter Mann von seinen Angehörigen Abschied nimmt. Der Alte im Bett starrt den wartenden Raben erschrocken an. Der Sohn sitzt bei seinem sterbenden Vater. Ein schwaches Licht flackert auf dem Nachttisch. Der fürsorgliche Sohn fragt: „Was wünschst du dir noch Papa?" „Etwas Honig", flüstert der Alte, und der Sohn holt ein paar Tropfen Honig direkt von den Waben. „Noch etwas, Papa?" „Ein Stella Artois", flüstert der Alte erwartungsvoll, mit aufflackerndem Blick, „Bitte, mein Sohn." Die Familie ist entsetzt, bringt aber den notwendigen Betrag zusammen für den letzten Wunsch. Mit dem Geld in der Hand eilt der Sohn ins nächste Dorf und mit dem kühlen Glas Bier wieder zurück, über Wiesen und Felder, in der Hoffnung, er schafft es noch, bevor der Alte stirbt, die letzte Meile auf der Ladefläche eines Heuwagens. Es ist sehr heiß. Die Sonne brennt auf das Land. Der brave Sohn ist schon seit Stunden unterwegs und durstig. Er kann den Blick nicht vom kühlen Bier abwenden. Zuerst leckt er zögernd die Tautropfen vom Glas, dann kann er seinem Durst nicht widerstehen und leert das Glas in einem Zug. Mit dem leeren Glas kehrt der Sohn ins Haus zurück. Der Priester eilt für die letzte Ölung herbei. Der Sohn drückt ihm das leere Glas in die Hand, als er ihm den Mantel abnimmt. Mit dem leeren Glas betritt der Priester das Zimmer. Der Vater richtet sich hoffnungsvoll auf, sieht den Priester und das leere Glas, starrt wieder auf den Priester, dann auf das leere Glas. Enttäuscht sinkt er zurück in die Kissen und gibt einen letzten Seufzer von sich. „Stella Artois. Reassuringly expensive."

Sehen Sie den guten Sohn auf der Ladefläche des Heuwagens, mit dem Bier in der Hand, auf das sein sterbender Vater so sehnsüchtig wartet? Spüren Sie die Hitze? Seinen Durst? Folgen Sie seinem Blick auf das kühle Bier in seiner Hand, wie er erst die Tropfen ableckt und dann ansetzt und das Bier in einem großen Zug trinkt? Fühlen Sie erst die Erleichterung, dann das Schuldgefühl? Verstehen Sie nun den Erfolg von Stella Artois und weshalb eine Geschichte, weshalb Bilder Leben verändern können? Sie werden jetzt auch verstehen, weshalb diese Erkenntnisse für Sie selbst so wichtig sind. Viele Menschen können Bier herstellen, aber nur wenige können Bier verkaufen. Wenn Sie Bier verkaufen wollen, müssen Sie andere überzeugen können. Viele Menschen können Projekte kreieren, aber nur wenige können andere von ihren Projekten überzeugen. Wenn Sie Ihre Ideen und Projekte verkaufen wollen, müssen Sie lernen, in den Köpfen der Menschen Bilder zu erzeugen.

Warum der Vortrag von Robert Louis-Dreyfus im Gedächtnis haften geblieben ist
Ich werde häufig zu Kongressen und Events eingeladen und habe in der Zwischenzeit Hunderte, ja Tausende von Vorträgen gehört. Vielleicht geht es Ihnen ähnlich. Überlegen Sie einmal, an wie viele Sie sich erinnern können und an welche Inhalte und Aussagen. Vermutlich an wenige. Der Vortrag von Robert Louis-Dreyfus jedoch ist mir besonders in Erinnerung geblieben. Er war damals Vorstandsvorsitzender von Adidas, und vorher CEO der internationalen Marketinggruppe Saatchi & Saatchi. Er gab in seinem Vortrag einen Ausblick in die Zukunft der Medienentwicklung, sagte den Niedergang der klassischen Medien voraus und den Aufstieg der digitalen Medien, eine Individualisierung des Marketings, wo die Käufer den Verkäufer finden, nicht umgekehrt – allesamt dramatische Umwälzungen. Alles ist genauso eingetroffen, wie er es voraussagte. An die Details kann ich mich nicht erinnern, wohl aber an den Einstieg, mit dem er die Herzen von Hunderten von Zuhörern gewonnen hat. Er kam gerade vom Flughafen, offenes Hemd, zerzauste Haare, Bartstoppeln, und sagte dann etwa Folgendes: „Das Programm heute sieht ein 45-minütiges Referat vor. Ich werde mich aber auf 20 Minuten beschränken. Ich habe gerade eine Studie gelesen, die belegt, dass die Aufmerksamkeitsspanne von Zuhörern bei Referaten um die 20 Minuten beträgt. Danach versinken sie in die Tiefen ihrer sexuellen Fantasien." Schallendes Gelächter – ein Volltreffer, in jeder Hinsicht. Das ist Kopfkino im Kopfkino.

Wie mich mein Psychiater in einen Tiger verwandelte
Was glauben Sie, in welchen Bereichen braucht es die Kraft der Überzeugung besonders? Bei Geschäftstransaktionen, in der Familie, in Marketing und Werbung, in der Politik? Haben Sie sich auch schon überlegt, dass Überzeugen viel weiter geht und alle Bereiche des Lebens einschließt: Erziehung, Forschung, Wissenschaft, die öffentliche Meinung, Ihre privaten Beziehungen? Kein Bereich ist davon verschont. An einen Bereich haben Sie vielleicht nicht gedacht: die Arzt-Patienten-Beziehung oder die Psychotherapie. Die Psychotherapie, wenn sie gelingt, ist ein gigantischer Akt der Überzeugung. Die besten Therapeuten sind Meister der Überzeugung. Ja, sie nutzen unterschiedliche Strategien, Konzepte, Methoden, aber die wirksamste und nachhaltigste Technik führt über Geschichten und Bilder – über die gut erzählte Wahrheit und damit ganz ähnlich wie bei jeder anderen Form der Überzeugung. Lassen Sie mich Ihnen ein Beispiel aus meinem eigenen Leben geben.

Aufgrund traumatischer Erlebnisse in meiner Kindheit suchte ich als junger Erwachsener den Psychiater Dr. Jörg Roth in Bern auf, einen der innovativsten Psychotherapeuten in der Schweiz. Er erklärte mir, dass er für diese Art von Erkrankung eine Therapiemethode nutzen würde, welche mit Bildern und Geschichten arbeitet, mit Tagträumen, in die er mich führen und durch die er mich begleiten würde. Er habe die Erfahrung gemacht, dass sich durch das Nacherleben von belastbaren Ereignissen Angstzustände auflösen würden, nachhaltiger als in der klassischen Gesprächstherapie. „Es braucht ganz einfach weniger Zeit, und Sie sind schneller geheilt", meinte er. „Bilder und Geschichten sprechen Sie ganzheitlich an und bleiben länger haften als Informationen, Erklärungen, Fakten, Interpretationen. Sie lösen mehr aus." Roth brachte mich in einen Zustand völliger Entspannung, eine Art Hypnose. Dann sagt er mir: „Stellen Sie sich vor, Sie stehen am Rande eines Zoos. Sehen Sie den Zoo? Wie alt sind Sie? Beschreiben Sie sich. Wie sind Sie angezogen? Beschreiben Sie alles, was Sie sehen." Ja, ich sehe mich deutlich. Ich stehe am Eingang zum Zoo. Ich bin sechs oder sieben Jahre alt. Ich trage kurze, beigegelbe Hosen, ein weißes, kurzärmliges Hemd, weiße Kniestrümpfe, schwarze Schuhe, wie am Kinderfest in St. Gallen. „Wollen Sie nun hineingehen?" „Ja." Außer mir nehme ich keine Besucher wahr. Ich bin alleine. Links und rechts des Weges stehen bunte Zirkuswagen und vergitterte Tierkäfige. Die Tiere liegen kauend, gähnend und faul in ihren reich mit Stroh belegten Käfigen, mit leeren Augen. Ich gehe an diesen Käfigen vorbei. Von Weitem vernehme ich ein wildes und wütendes Brüllen. Ich gehe diesem Brüllen nach und bleibe vor dem engen Käfig eines Tigers zögerlich stehen. Er wirft sich unruhig und wütend im Käfig hin und her und irrt von einer Ecke des Käfigs in die andere, hin und her, immer dieselbe Bewegung. Er starrt auf einen Punkt hinter mir, in der Ferne. Mich sieht er nicht. Und dennoch habe ich Angst. Was, wenn er durchbricht? Die Gitterstäbe sind dünn und einzelne sind verbogen, als ob er schon versucht hätte auszubrechen. Ich möchte wegrennen, doch ich bin wie gelähmt und angewurzelt. Das war das Bild, das ich klar und deutlich gesehen habe. Roth holte mich aus der Trance zurück. „Wie ging es Ihnen? Wie haben Sie sich gefühlt?", fragt er mich. „Es war ein Alptraum. Ich habe mich klein und hilflos gefühlt, gelähmt, wehrlos." Und dann hat er diese eine Frage gestellt, die mein Leben verändert hat: „Haben Sie sich auch schon überlegt, dass man das Bild auch ganz anders interpretieren könnte? Nämlich, dass Sie der Tiger sind und nicht der kleine Junge? Aber eingesperrt, deswegen genauso hilflos wie der kleine Bub." Hätte er dies mit Fakten zu erklären versucht, ich hätte es gehört, aber wohl nicht verstanden. Es brauchte dazu die Geschichte. Es brauchte die Bilder, um etwas Tiefgreifendes über mich zu verstehen, wer ich sein könnte und wer ich heute bin. „Befreien Sie den Tiger", empfahl er mir.

Wenn ein Arzt oder ein Therapeut seine Patienten nicht überzeugen kann, erreicht er nichts. Es muss ihm gelingen, die Patienten zu überzeugen, ihnen zu vertrauen und davon, ihren Rat zu befolgen, ihre Analyse zu akzeptieren, die Operation durchführen zu lassen, die Medikamente zu schlucken, in der verordneten Dosis und Menge, die Veränderungen in ihrem Leben vorzunehmen. Dafür reichen weise Ratschläge, Informationen und Analysen nicht immer. Es braucht die Kraft der Überzeugung. Es braucht gute Argumente, es braucht vielleicht ein Versprechen der Heilung. Wenn er möchte, dass beim Patienten etwas hängen bleibt, braucht es Geschichten, die Bilder im Kopf auslösen. Es braucht die Wahrheit – aber gut erzählt.

Wie ein Bettler mit sechs Worten Kasse machte

Wer, denken Sie, hat den härtesten Job der Überzeugung? Die Politikerin vielleicht, die Marketingfirma, das Start-up-Unternehmen oder Sie, wenn Sie einen neuen Job suchen, einen Kunden gewinnen wollen, eine Lohnerhöhung fordern oder eine Beförderung anstreben? Vielleicht der Pfarrer, der ein Gemeindemitglied daran hindern will, aus der Kirche auszutreten?

Ich denke, es ist der Bettler. Er will etwas von Ihnen, ohne dass Sie etwas Greifbares zurückerhalten. Nun gibt es solche, die außergewöhnlich erfolgreich sind und gut von ihren erbettelten Einkünften leben, und andere versagen darin völlig. Sie erkennen die Schlechten schon auf den ersten Blick. Sie tauchen auf wie Gespenster aus dem Nichts, steuern Sie gebeugt an, meist von der Seite, halten die Hand auf und fordern: „Hast du mal fünf Franken?" Ich habe mir schon überlegt, all diese Menschen zu einem Überzeugungsworkshop zusammenzuführen und sie zu überzeugenden Bettlern zu trainieren, mit der Überlegung, dass ich dabei wohl auch noch einiges lernen könnte.

Ein solches Training hat ein Bettler in New York von einem Journalisten erhalten, ein Training in Storytelling. Ein Bettler hockt vor dem Eingang zu einem Bürogebäude. Vor sich hat er einen Hut und ein kleines Schild aufgestellt: „Ich bin blind." Ein Journalist verlässt das Gebäude mit einem Kollegen und geht zum Lunch. Er sieht den Bettler, den leeren Hut und das Schild. Nach dem Lunch kehrt er zur Arbeit zurück. Der Bettler sitzt immer noch am selben Ort, mit demselben Schild, demselben Hut und ein paar kläglichen Cents. Der Journalist wirft etwas Geld in den Hut, fragt „Darf ich?", nimmt das Schild und fügt zwei Zeilen hinzu. Nun ist Folgendes darauf zu lesen:

Es ist Frühling.
Die Sonne scheint.
Ich bin blind.

Als der Journalist zwei Stunden später für Rauchpause zum Eingang geht, packt der Bettler gerade seine Sachen zusammen. „Na, wie lief es denn heute?", fragt der Journalist. Der Bettler hält ihm den Hut hin und schüttelt ihn wie ein Goldgräber sein Sieb. Wow! Da klimpern nicht nur eine Menge Münzen. Da liegen mehrere Dollarscheine drin.

Eine wirksame Geschichte braucht nicht lang zu sein. Manchmal reichen wenige Worte.

4 Die Grimm-Technik und wie sie funktioniert

Es gibt keine Begebenheit, die nicht Material für eine gute Geschichte liefern kann, auch wenn sie noch so unbedeutend erscheint. Es sind manchmal diese kleinen Begebenheiten, die wir vielleicht als belanglos abtun, welche einer Aussage Kraft und Glaubwürdigkeit verleihen. Es liegt also nicht daran, dass Sie nichts zu erzählen haben. Vielleicht fehlt Ihnen der Mut dazu. Dann müssen Sie den Mut finden und lernen, zu Ihrer Geschichte zu stehen.

Vielleicht wissen Sie nicht, wie man eine Geschichte erzählt. Ich werde Ihnen hier eine Methode vorstellen, die Ihnen eine gute Grundlage für eine Geschichte gibt: die Grimm-Technik. Wie alle meine Tipps ist sie einfach anzuwenden. Sie beginnt mit der Anfangsaussage „Es war einmal …" und sie endet mit einer Erkenntnis. Ich habe die Punkte für Sie angepasst. Die Technik beinhaltet folgende sechs Stufen:

- Jeden Tag oder jeden Herbst oder jedes Jahr …
- Eines Tages …
- So kam es, dass …
- Deshalb …
- Die Folge war …
- Seither …

Versuchen Sie, mit diesem Gerüst eine Geschichte zu erzählen. Schreiben Sie zum Beispiel entlang des Gerüsts auf ein Blatt, weshalb Sie den Beruf gewählt haben, den Sie heute haben, und staunen Sie anschließend über Ihre Geschichte.

Ein Beispiel: Mein erster Misserfolg
Zu Beginn des Buches habe ich von meiner ersten Niederlage berichtet. Ich war damals etwa sieben Jahre alt. Mein Vater hatte mich zum Nachbarn geschickt, um ihm ein paar Kilo Zwetschgen zu verkaufen. Wie würde diese Geschichte nun klingen, wenn Sie die Grimm-Technik verwenden?

Jeden Herbst fuhr ein Bauer aus der Umgebung bei uns vorbei und verkaufte Obst vom Hof. Wir kauften im Herbst all unser Obst bei ihm, aßen es frisch, als Kompott oder Konfitüre.
Eines Tages kam der Bauer wieder bei uns vorbei, mit einer riesigen Ladung schöner, großer, reifer Zwetschgen. Es war ein besonders gutes Zwetschgenjahr und der Bauer machte einen günstigeren Preis, wenn man eine große Menge kaufte.
So kam es, dass sich mein Vater dazu überreden ließ, mehr Zwetschgen zu kaufen, als wir essen konnten. Wir hatten zu viele Zwetschgen.
Deshalb schickte mich mein Vater zu unserem Nachbarn. „Geh zum Sutter und verkauf ihm ein paar Kilo Zwetschgen." Er gab mir einige Zwetschgen als Muster mit, nicht die schönen, großen, reifen Zwetschgen, sondern drei eher unansehnliche. Mein Vater wollte nicht, dass ihm der Sutter vorwirft, ihm nur die schönsten Zwetschgen gezeigt zu haben. Der Sutter biss in eine, verzog sein Gesicht und gab mir die angebissene Zwetsche wieder zurück. „Nein, die kaufe ich nicht. Die sind sauer."
Die Folge war, dass ich mich schämte, für mich und meinen Vater, sodass ich mir lange nicht zutraute, jemandem etwas zu verkaufen. Gleichzeitig begann ich, Menschen, die gut überzeugen konnten, zu beobachten und zu imitieren. Ich bildete mich weiter und las Bücher darüber.
Seither nutze ich mein Wissen und meine Erfahrung, um Menschen mit Ideen und Projekten dabei zu unterstützen, andere zu überzeugen. Zudem habe ich ein Buch zum Thema geschrieben. Das Buch, das Sie jetzt in der Hand halten.
Betrachten Sie diese Methode lediglich als Grundlage für eine Geschichte. Sie bildet die Skizze in Schwarz-Weiß, der Sie nun, in einem nächsten Schritt, Farbe und Kontur verleihen – indem Sie folgende Regeln beachten:

- **Ihre Geschichte muss kurz sein**
  Wenn Ihre Geschichte nicht auf der Rückseite Ihrer Visitenkarte Platz findet, funktioniert sie nicht. Wenn Sie die Geschichte nicht erzählen können, bis das Streichholz erloschen ist, ist sie in der Regel zu lang.
- **Sie müssen die Geschichte üben, bis sie sitzt**
  Sie haben vielleicht den Eindruck, dass Geschichten einem spontan einfallen, wenn man sie braucht, und dass sie dann verlockend einfach zu erzählen sind. Das ist ein Irrtum. Sir Frank, der Gründer einer der erfolgreichsten Kreativagenturen und mein Chef, ein talentierter Überzeuger, hat mir bei einem Essen folgende Geschichte erzählt: „Kurt, gestern Nacht ist meine Frau aufgewacht und hat schläfrig gemurmelt: ‚Frank, warum schläfst du nicht? Hör doch auf, immer um das Bett herumzulaufen. Mich weckt das. Was machst du denn eigentlich, komm zurück ins Bett'." Er entgegnete: „Ich habe morgen ein wichtiges Gespräch mit dem Präsidenten von Stella Artois. Ich will ihm eine Kampagne nahelegen, die so unverschämt ist, so frech, so ungewöhnlich, dass es wirklich, wirklich Mut braucht, dazu Ja zu sagen. Ich suche immer noch nach der passenden Geschichte, um ihn zu überzeugen." Sein Herumirren in der Nacht und die Geschichte, die er gefunden hat, haben offensichtlich Früchte getragen. Die Kampagne „reassuringly expensive" wurde realisiert und war für Stella Artois ein Riesenerfolg.
- **Gute Geschichten sind keine Wegwerfartikel**
  Manche Leute betrachten Geschichten und Bilder als Wegwerfartikel. Sie sind der Meinung, dass sie immer wieder neue Bilder und Geschichten entwerfen müssen. Falsch! Wenn Sie merken, dass ein Bild oder eine Geschichte Wirkung erzielt, können Sie diese immer wieder nutzen. Mit der Zeit haben Sie ein Repertoire an Bildern und Geschichten, für jeden Erfolg, den Sie erzielen wollen.
- **Illustrieren Sie und malen Sie die Zahlen und Fakten**
  Sie können Zahlen und Fakten auf eine Art und Weise präsentieren, dass sie die Menschen besser aufnehmen und verstehen können.
  Statt: Der CEO erhielt eine Abfindung im siebenstelligen Bereich. Wie wär's mit: Der goldene Fallschirm des CEOs ließe ihn mehrmals die Erde umrunden.

5 Die Erkenntnis: Es sind Geschichten, die bleiben, nicht Argumente

Neurologische Studien und Wirkungsstudien der Kommunikation zeigen deutlich auf, was in Erinnerung bleibt und was in Vergessenheit gerät. Es sind Geschichten, die bleiben, nicht Zahlen und Fakten. Es sind die Dinge, die uns emotional berühren, die bleiben. Oder besser ausgedrückt: Die Fakten bleiben besser in Erinnerung, wenn sie mit einer Geschichte verbunden werden, die emotional berührt. Testen Sie meine Aussage. Gehen Sie in Ihrer Erinnerung ein paar Jahre oder Jahrzehnte zurück. Überlegen Sie sich, was die früheren Erinnerungen in Ihrem Leben sind? Die Anzahl der Kinder in Ihrem Kindergarten? Die Einwohnerzahl Ihres Wohnortes? Die Höhe des Taschengeldes, das Sie damals erhalten haben? Die durchschnittliche Zeit, die Sie für Hausaufgaben verwendet haben? Die Anzahl der Minuten pro Tag, die Sie spielen oder gamen durften? Das alles haben Sie gewusst, aber wohl vergessen. Sie können sich aber sehr wohl daran erinnern, wie Ihnen ein Junge in der 4. Klasse einen Zettel unter dem Tisch zusteckte: „Warte nach der Schule auf mich beim Apfelbaum, hinter dem Schulhaus." Nutzen Sie diese Erkenntnis, wenn Sie jemanden von Ihren Anliegen, Ideen und Projekten überzeugen wollen. Nichts ist so stark wie die Wahrheit, vor allem, wenn sie gut erzählt ist. Verbinden Sie Ihre Argumente und Schlüsselversprechen mit Emotionen. Zeigen und schaffen Sie Bilder, die nachwirken. Dies macht Sie auch als Person lebendiger. Man hört Ihnen zu. Ja, ich weiß, es braucht etwas Mut, die sichere Grundlage der Fakten zu verlassen und sich in die Unsicherheit von Bildern und Geschichten vorzuwagen. Probieren Sie es einmal aus. Beobachten Sie, was passiert, welche Reaktionen Sie auslösen. Vielleicht wollen Sie einmal einen Versuch mit der Grimm-Technik wagen, um sich dann von dem Gerüst dieser Technik zu lösen und Ihre eigene Methodik zu finden?

Tipp 9: Überraschen Sie
Damit verschaffen Sie sich Gehör

Inhaltsverzeichnis

1 Um was es geht... 125
2 Die Blase zum Platzen bringen.. 126
3 Warum Überraschungen Aufmerksamkeit auslösen................. 128
4 Geschichten mit überraschenden Momenten........................... 129
5 Die Erkenntnis: Überraschen Sie – so werden Sie (wieder) gehört........ 137

Wir können nicht anders, als bei Überraschungen aufzuhorchen. Wollen Sie diese Erkenntnis nicht für sich nutzen, um für Ihr Anliegen Aufmerksamkeit zu schaffen?

1 Um was es geht

Was bringt es, wenn Sie alles richtig machen, aber niemand zuhört? Sie haben ein Mission Control für das Gespräch geschrieben. Sie kommen sympathisch rüber. Die Wellenlänge stimmt. Sie haben ein Profil Ihres Gegenübers erstellt und daraus Schlüsselversprechen abgeleitet und dies in einen Pitch gegossen, den Sie überall halten. Sie sind hartnäckig und nicht zu stoppen. Nur – niemand hört Ihnen zu. Kennen Sie das? In diesem Fall müssen Sie die Blase, die die Zuhörer umgibt, zum Platzen bringen. Sie müssen die Zuhörer überraschen. Die wissen nämlich bereits, was Sie sagen werden, und haben Ihre Entscheidung bereits gefällt: Nein. Ich werde Ihnen aufzeigen, weshalb wir zur Konformität neigen und so ungern auffallen, und ich werde Ihnen Beispiele und Anregungen geben, wie Sie eine Blase zum Platzen bringen und Sie so Interesse und Neugierde an Ihrem Anliegen auslösen.

2 Die Blase zum Platzen bringen

Stellen Sie sich folgende Situation vor: Sie sitzen am Tisch jemandem gegenüber. Er oder sie nickt höflich mit dem Kopf, während Sie reden, hört aber nicht wirklich zu. Das Handy liegt neben der Person und sie wirft, während Sie sprechen, immer wieder einen Blick darauf. Das kann Ihre Partnerin sein, Ihr Chef, eine Mitarbeiterin oder ein Mitglied der Geschäftsleitung. Sie ärgern sich und sind frustriert. Das, was Sie sagen, interessiert die Menschen offensichtlich nicht. So hart es klingt: Das ist leider die Regel. Ich schätze, dass mehr als die Hälfte von dem, was wir sagen, wie Rauch und Nebel an den Menschen vorbeiziehen, ohne eine Wirkung zu hinterlassen. Das ist nicht weiter schlimm. Vieles von dem, was wir sagen, ist nett und belanglos. Was aber, wenn Sie etwas Wichtiges mitzuteilen haben, etwas, das Ihnen am Herzen liegt? Was, wenn Sie eine Idee haben, ein Projekt, für das Sie Unterstützung suchen? Was machen Sie dann? Sie schaffen vielleicht eine Powerpoint-Präsentation mit starken Bildern. Sie zeigen auf, wie die Situation jetzt ist und wie sie sein könnte. Sie erläutern Ihren Vorschlag. Sie zeigen den Nutzen auf. Sie sprechen auch die Nachteile an und wie man sie beseitigen könnte. Alles richtig. Nur, niemand hört zu. Oder noch schlimmer: Alle tun so, als ob sie zuhören würden, gedanklich sind sie aber bereits im Wochenende oder bei ihrem eigenen Projekt. Es ist, als ob die Personen in einer Blase stecken würden. Was können Sie tun, um die Blase zum Platzen zu bringen? Ganz einfach: Tun Sie etwas Unerwartetes. Überraschen Sie die Zuhörer. Dafür müssen Sie allerdings etwas aufgeben: Ihre Angst, aus dem

Schatten zu treten und den vorgespurten Weg zu verlassen. Es steckt viel Arbeit darin, diesen vorgespurten Weg zu gestalten, deshalb braucht es jetzt Mut, diesen ab und zu verlassen. Was Sie gewinnen lohnt sich: Sie gewinnen die Aufmerksamkeit. Man hört Ihnen wieder zu.

Widerstehe dem Gewöhnlichen
Die Marketing- und Kommunikationsagentur Young & Rubicam hat für sich den Slogan gewählt „Resist the Usual" – „Widerstehe dem Gewöhnlichen". Die Agentur wollte damit auch ihre Kunden ermutigen, im Marketing neue Wege zu gehen, mit den Konventionen zu brechen, disruptiv zu sein und so die Aufmerksamkeit der Zielgruppen zu finden. Die Betonung liegt auf Widerstehen. Das Gewöhnliche, die Konformität lastet wie eine Schwerkraft auf uns. Es geht darum, dieser Schwerkraft zu widerstehen.

Kreativität gilt häufig als Störfaktor in eingespielten Abläufen, nicht nur in Bundesämtern, den Steuerbehörden zum Beispiel, dem Tiefbau- oder Umweltamt, in Anwaltskanzleien und Treuhandbüros, wo man Standardisierung und Konformität erwartet, sondern auch bei Banken und Versicherungen, im Einzelhandel, bei Non-Profit-Organisationen oder in kirchlichen Organisationen. Der Nagel, der heraussteht, muss zurückgehämmert werden. Der Grund für mangelnde Kreativität ist also nicht angeboren, sondern anerzogen. Routine und Konformität machen Sinn in der Gesellschaft. Sie sind jedoch dann ein Hindernis, wenn es darum geht, sich von der Menge abzuheben, aufzufallen, wahrgenommen zu werden, wie dies zum Beispiel im Marketing und in der Werbung notwendig ist, wenn Hunderte, ja Tausende von Produkten und Dienstleistungen um die Aufmerksamkeit potenzieller Käufer buhlen.

Weshalb das Ungewöhnliche und das Überraschende in der Kommunikation so wirksam sind, wurde in der Psychologie intensiv erforscht – vielleicht haben Sie schon einmal vom Orienting-Reflex gehört.

3 Warum Überraschungen Aufmerksamkeit auslösen

Der Orienting-Reflex
Weshalb das Unerwartete Aufmerksamkeit auslöst, wieso wir uns dem Unerwarteten nicht entziehen können, erklärt sich mit unserer genetischen Entwicklung. Es liegt gewissermaßen in unserer DNA. Der Orienting-Reflex gehört zu den meisterforschten Reflex-Phänomenen und wurde im Jahre 1863 vom russischen Physiologen Ivan Sechonov in seinem Buch „Reflexes of the Brain" zum ersten Mal beschrieben. Wir sind – vereinfacht formuliert – durch die Entwicklung über Millionen von Jahren so beschaffen, dass wir auf unerwartete Stimuli impulshaft reagieren. Ein Rascheln, eine unerwartete Bewegung kann Angriff bedeuten – oder eine Chance zur Jagd. Wir wenden unsere Aufmerksamkeit von dem ab, was wir gerade tun. Unsere Gedanken und Überlegungen stocken. Wir richten unsere Antennen reflexartig auf die Quelle der Überraschung. Wir haben darüber keine Kontrolle. Das zentrale Nervensystem übernimmt. Bei starken Impulsen geht der Puls schneller. Der Cortisol-Level steigt.

Alfred Hitchcock schlachtet diesen Reflex bis zum letzten Schrei aus. Haben Sie den Film „Psycho" gesehen? Marion hat 40.000 US-Dollar entwendet und ist auf der Flucht vor der Polizei. Es regnet heftig. Marion stoppt beim Bates Hotel und beschließt, dort zu übernachten und ihre Flucht am anderen Tag fortzusetzen. Die Szene zeigt, wie Marion ins Badezimmer geht, die Tür hinter sich schließt, den Bademantel auf die Toilette legt, den Duschvorhang zieht, die Seife auspackt, das warme Wasser über ihren Körper fließen lässt, ihren Hals einseift, ihre Arme und Beine. Man hört das Plätschern des Wassers auf die Kacheln. Die Kamera wendet nun den Blickwinkel und filmt aus der Dusche hinaus in den Raum. Im Vordergrund sieht man Marion, hinter ihr den Duschvorhang, hinter dem Duschvorhang das Licht des Badezimmers. Plötzlich bewegt sich etwas Unbestimmtes im Hintergrund und nähert sich. Ein Schatten wirft sich auf den Duschvorhang, erst klein, dann wird er größer, größer, riesig. Die Kamera rast dem Schatten entgegen. Als Zuschauer möchte man aufspringen. Das Herz stockt. Der Schatten füllt das Bild. Eine menschliche Gestalt. Der Vorhang wird aufgerissen, begleitet vom schrillen Geräusch der Halter an der Vorhangstange, dann der Schrei von Marion.

Als Zuschauer des Films folgen wir der Geschichte im Badezimmer erst unbeteiligt. Die Gedanken driften ab, bis zum Bruch mit dem Gewöhnlichen, bis etwas Unerwartetes geschieht. In diesem Moment wachen wir auf. Wir erschrecken. Wir hören und schauen nun mit größter Aufmerksamkeit und Wachsamkeit zu. Das ist der Orienting-Reflex.

Ich möchte Sie dazu ermutigen, manchmal etwas Hitchcock zu sein und eine gute Prise Unerwartetes und Überraschendes in Ihre Kommunikation einzubauen, etwa so, wie es eine Kommunikationsagentur in London gemacht hat. Es braucht Mut und kreative Ideen. Aber die Belohnung kann groß sein.

4 Geschichten mit überraschenden Momenten

Wie eine britische Agentur einen möglichen Kunden brüskierte und damit gewann
Es war Punkt 09:00 Uhr, als die fünfköpfige Delegation der britischen Bahngesellschaft den Empfangsraum einer schicken Londoner Werbeagentur in Soho betrat. Sie konnten sich nicht täuschen. Die fünf Uhren hinter dem Empfang bestätigten den Sachverhalt: 09:00 London Time, 04:00 New York, 00:00 in San Francisco, 16:00 in Tokyo, 10:00 Paris. Die Londoner Uhr hing allerdings merkwürdig schief an den Drähten, sodass man nicht wusste, ob sie 09:00 oder 06:00 anzeigte. Aber es musste 09:00 sein. Das Datum schien auch zu stimmen, wie sich die fünf Personen gegenseitig bestätigten. Doch es war niemand da. Der Empfang war leer. Die Überreste einer McDonald's-Box, ein halb leerer Pappbecher mit Coke, die letzten Krümel eines Big Macs, ein Haufen gebrauchter Papierservietten, ein Plastikbehälter mit Ketchup, in dem noch ein Pom-

mes frites steckte, und ein Zigarettenstummel waren im Empfangsraum verstreut. Ein übel riechender Geruch von Käse und gebratenem Hamburger lag in der Luft. Überhaupt hinterließ der Empfangsraum einen miserablen Eindruck auf die fünf Gäste. Der Bildschirm an der Wand flackerte nervös. Die Plexiglasscheiben der aufgehängten Plakate waren trübe und voller Fingerabdrücke. Zeitschriften und Zeitungen der vergangenen Woche lagen noch auf dem Beistelltisch und den Sesseln. Die Fensterscheiben waren schon seit Wochen nicht mehr geputzt und ließen den Picadilly Park wie an einem Novembertag in einem grauen Schleier erscheinen. Doch die Adresse musste stimmen. Sie waren am richtigen Ort.

Sie wollten bereits umkehren, als die Empfangsdame missgelaunt eintrat. Sie war wohl erkältet, trug einen Wollschal um den Hals und hatte ein gebrauchtes Taschentuch in der Hand. „Guten Tag. Kommen Sie bitte mit. Sie werden im Sitzungszimmer erwartet. Wir nehmen die Treppe. Der Fahrstuhl geht nicht." „Was ist das für eine Bruchbude", fluchte einer. Die Neugier trieb sie jedoch weiter, die Treppe hoch. Das Rätsel wird sich wohl klären. Natürlich, wie erwartet, war niemand im Sitzungszimmer. Die Luft war stickig. Eine Assistentin erschien, öffnete die Fenster und sagte, dass das Team seine interne Sitzung gerade abschließt und in einigen Minuten eintreffen werde. „Der Montag ist halt etwas ungünstig, da findet jeweils unsere Geschäftsleitungssitzung statt", meinte sie entschuldigend. „Darf ich Ihnen in der Zwischenzeit einen Kaffee oder Tee anbieten? Nehmen Sie doch schon einmal Platz. Die Herren kommen bald." Nach einigen Minuten kehrte sie mit vier Papierbechern mit lauwarmem Kaffee und Tee zurück. Einen hatte sie leider vergessen. Sie würde diesen aber gleich holen und zurückkehren. „So. Das reicht nun. Wir haben verstanden", sagte der Boss der Gruppe, packte seine Sachen, stand mit seinen Kollegen auf, knöpfte das Jackett zu und wollte den Raum verlassen. In diesem Augenblick betrat der Agenturchef den Raum, begrüßte den Marketing Director und sein Team, entschuldigte sich und meinte, das wäre leider notwendig gewesen.

Er führte die nun etwas verstörte, gleichzeitig aber auch sich wundernde Kundengruppe in ein helles großes Sitzungszimmer, mit Blick auf den Park. Die Sonne schien. Man sah Menschen, wie sie mit ihren Hunden spazieren. Kaffeetassen standen auf dem Tisch, Croissants, Kekse, Früchte und frisch gepresster Orangensaft. Das Agenturteam von jungen Beraterinnen und Beratern betrat den Raum, zusammen mit dem Creative Direktor und dem Strategen, von dem sie schon so viel gehört hatten. Der Agenturchef eröffnete die Präsentation und sagte: „Es tut uns leid, dass wir Ihnen dies antun mussten. Wir wollten Ihnen aufzeigen, was es heute heißt, Bahnpassagier zu sein, und was die Passagiere in den Bahnhöfen und Zügen jeden Tag erleben. Wenn die Bahn eine Zukunft haben und gegenüber dem Auto oder dem Flugzeug bestehen möchte, dann braucht es einen rigorosen Wandel. Dieser Wandel beginnt mit konkreten Maßnahmen. Sie müssen der Öffentlichkeit und Ihren Passagieren zeigen, dass Sie es ernst meinen und einen Maßnahmenplan vorstellen, wie dieser Wandel stattfinden soll. Es geht nicht einfach um eine Imagekampagne, sondern um ein neues Bahnerlebnis, und dafür müssen Sie an den Bahnhöfen anfangen und in den Zügen. Sie brauchen eine neue Vision und eine neue Sichtweise, wer Sie für die Passagiere sein wollen." Schritt für Schritt führte sie das Team durch die einzelnen Vorschläge und Ideen, wie sich das Unternehmen von einer verwahrlosten Bahn zu einem Verkehrsunternehmen entwickelt, das von den Kunden geschätzt und bevorzugt wird.

Das Kundenteam war erschüttert. Einige von ihnen hatten schon Jahre für das Unternehmen gearbeitet und sahen die Missstände erst jetzt, als man sie ihnen so schonungslos und plakativ vor Augen führte. Die Vorschläge entsprachen voll und ganz den Gedanken und Überlegungen des Vorstandes und der Direktion. Die Agentur hatte diese einfach auf eine überraschende Art und Weise auf den Punkt gebracht. Die Agentur gewann das Mandat. Die Vorstellung und Show am Anfang waren zwar verstörend und unangenehm. Sie waren aber auch der Beweis dafür, dass die Agentur das Problem verstanden hatte, indem sie die Zahlen aus der Markt- und Meinungsforschung auf überraschende Art und Weise zum Leben erweckte, sodass sie nicht mehr übersehen werden konnten. Aber hätte die Agentur das Mandat nicht auch gewonnen, wenn sie einfach ein paar Slides und Fotos vom Schmutz in den Zügen, besprayten Bahnwagen, wartenden Passagieren auf den Bahnsteigen gezeigt hätte? Vielleicht in Form einer Statistik mit den Zahlen verspäteter Züge, einer Kundenzufriedenheitsanalyse, einer Videobefragung an den Bahnhöfen?

Möglich. Aber genau das haben wohl alle anderen Agenturen gemacht. Der Kunde hat die genau gleichen Fotos, Zahlen, Daten und Interviews mehrmals gesehen, verbunden mit denselben Erkenntnissen. Wie langweilig ist denn das? Eine Agentur ist hervorgetreten, hat dem Gewöhnlichen widerstanden, hat überrascht und gewonnen.

Wie ein Bahnangestellter ins Meeting eindrang und wir so den Auftrag gewannen
Wäre die eben beschriebene Herangehensweise auch in Deutschland oder der Schweiz möglich gewesen? Vielleicht nur so ähnlich, denn wir sind da etwas konservativer. Folgen Sie mir ins Sitzungszimmer der SBB Direktion. Wir nahmen ungefähr zur selben Zeit, als das Ereignis in der Londoner Agentur stattfand, an einer Wettbewerbspräsentation der SBB, den Schweizer Bundesbahnen, teil. Die Präsentation fand in Bern statt, oberhalb des Hauptbahnhofes, an der Mittelstraße, in einem düsteren Sandstein-Gebäude, das bezüglich Kreativität einen begrenzten Spielraum vermuten ließ. Das Sitzungszimmer der Direktion war mit einem langen schweren Eichentisch besetzt, die Stühle mit militärischer Präzision ausgerichtet. In der Mitte des Tisches stand der Thron des Direktionspräsidenten, mit der deutlich erhöhten Sitzlehne und den gepolsterten Armstützen. Ich nahm Platz, direkt gegenüber dem Sitz des Direktionspräsidenten. Mir wurde schon bewusst, dass irgendetwas nicht stimmte, bis Benedikt Weibel, der damalige Generalsekretär der Bahn, eintrat und Klarheit schaffte. „Das ist mein Platz", knurrte er und blieb neben mir stehen, bis ich den Sitz räumte und weit unten einen Platz fand. Kein guter Start für außergewöhnliche Ideen, dachte ich mir. Erleichterung allerdings, als der Direktionspräsident Werner Latscha eintrat, einen Stapel Akten unter seinen Arm geklemmt. Er setzte sich, schaute durch seine Brillengläser in die Gruppe und sagte völlig unerwartet, mit Schalk in der Stimme: „Guten Tag meine Damen und Herren. Gut, dass Sie da sind und mithelfen, die Bahn in eine neue Zukunft zu führen. Unsere Bahnwagen sehen eher aus wie der Trauermarsch von Chopin als der Triumphmarsch aus Aida. Nun bin ich gespannt, was Sie heute vorschlagen."

In unserer Präsentation ging es um drei Projekte: das Generationenprojekt Bahn 2000, ein Projekt zur Belebung des touristischen Personenverkehrs und einen kleineren Auftrag zur Kommunikation des Umbaus des Güterverkehrs. Der Güterverkehr war ein Problemkind der SBB, aber Geld stand für das Marketing kaum zur Verfügung. Wir hatten nun diese wenig spektakuläre Idee, dass der Direktionspräsident Werner Latscha einen Brief schreibt, und zwar nicht an die Chefs der Speditionen, sondern an die Arbeiter, an die Fahrer, Stapler und Lagerarbeiter der Speditionen, in dem er das neue Logistikkonzept erläutert und die Vorzüge, die daraus entstehen. Ich machte eine kurze Einführung und sagte: „So und nun möchte ich Ihnen kurz vorstellen, wie wir diese Sache aufziehen und kommunizieren." In diesem Moment klopfte es laut an die Eichentür des Direktionszimmers. Zuerst wurde das Klopfen ignoriert, dann aber wurde es immer eindringlicher und heftiger, bis ein Direktionsmitglied die Tür öffnete. Draußen stand ein Bahnangestellter und verlangte dringend, Herrn Schmid, also mich, zu sprechen. „Ja. Jetzt gleich." Er hätte den Auftrag, Herrn Schmid ein Paket von Dr. Werner Latscha zu überreichen, dem Präsidenten der SBB Generaldirektion. Es wäre dringend. „Nein. Nur ihm persönlich." Er wurde zögernd eingelassen. Mit dem Paket in der Hand zwängte sich der Angestellte hinter den Stühlen zu mir durch. Ich unterbrach die Präsentation. „Herr Schmid, ich habe ein Geschenk für Sie." Alle im Raum hielten den Atem an und warteten nun gebannt, was ich tun würde und vor allem, wie Werner Latscha darauf reagieren würde, der hier ja gewissermaßen vorgeführt wurde. Einige rutschten peinlich berührt auf ihren Stühlen herum. Doch ich spürte, dass ich nun die volle Aufmerksamkeit der Teilnehmenden hatte. Ich nahm das Paket entgegen, gab etwas Trinkgeld, stellte das Paket auf den Tisch, packte es aus und fand ein kleines Fässchen Bier (tatsächlich ein Fässchen Bier), eine kleine Broschüre und einen Brief an die Spediteure vom Direktionspräsidenten der SBB, Dr. Werner Latscha, der mir nun gespannt zuhörte, wie ich seinen Brief vorlas. Er erklärte darin, dass der Bahngüterverkehr hoch defizitär wäre und dass die SBB Dutzende von regionalen Verteilzentren schließen und die Feinverteilung in Zukunft durch Lkws tätigen würde. Das wäre zwar schmerzhaft für die Bahn, für die Kunden würde dies allerdings Vorteile bringen. Die Auslieferungszeiten würden sich auf 24 Stunden verkürzen und die Kosten sinken.

Der Stimmungswandel war mit Händen zu greifen. Die anfängliche Zurückhaltung wich. Die Teilnehmer hörten zu. Sie schmunzelten und waren dankbar für die kleine Unterhaltung an einem sonst eher langweiligen Tag in diesem tristen, dunklen Steinkasten an der Mittelstraße. Und unsere Agentur gewann die SBB als Kunden für alle drei Projekte.

Weshalb uns Coca-Cola ihre Marke Valser Wasser anvertraut hat
Coca-Cola überlegte sich, das Marketingmandat für das Premium-Mineralwasser Valser Wasser neu zu vergeben, und suchte dafür eine neue Marketing- und Kommunikationsagentur. Unsere Agentur hatte es in die engere Auswahl geschafft, neben sieben anderen Agenturen. Sie alle hatten die Spezifikationen erfüllt. Man musste sich das nun vorstellen. Coca-Cola würde mit acht Marketingagenturen sprechen, alle gut, alle stark, alle erfahren, und alle wollen das Mandat. Es ist gut für das Prestige, gut für die kreative Reputation und gut für das Jahresergebnis. Alle Agenturen würden ungefähr das Gleiche sagen. Schließlich haben die Beraterinnen die gleichen Unis besucht, die gleichen Marketingseminare absolviert, die gleichen Bücher gelesen, die gleichen Ted Talks gehört, die gleichen Kunden betreut, die gleichen Reisen gemacht, die gleichen Events besucht und die gleichen Smalltalks geführt. Einige hatten die Ad School in Miami besucht, allenfalls auch das ADC Seminar des Art Directors Club. Eine gute Ausbildung und viel Erfahrung sind jedoch schon lange keine Differenzierungsmerkmale mehr. Die Chancen zum Gewinnen lagen also weniger in den Inhalten, sondern mehr in der Art und Weise, wie diese vorgestellt werden.

Die verantwortliche Projektleiterin hatte mir am Telefon gesagt, dass die Verantwortlichen von Coca-Cola gerne die Agentur besuchen, die Mitarbeitenden treffen und natürlich unsere ersten Gedanken und Vorschläge zur Positionierung von Valser Wasser kennenlernen würden. Was für eine Chance, einen unvergesslichen Eindruck zu hinterlassen – und zwar nicht erst bei der Präsentation, sondern schon dann, wenn das Team ankommt. So bat ich meine Mitarbeitenden, auf dem Kundenparkplatz einen Berg mit Valser Wasserkästen aufzuschichten. Wir riefen einen Händler an und ließen insgesamt vier Lastwagen mit Valser Wasser liefern. Die Mitarbeiter schichteten diese dann zu einem Berg auf, bis ein mächtiger Valser Berg auf dem Parkplatz stand – ziemlich beeindruckend und nicht zu übersehen. Es war allerdings nicht einfach ein billiger Gag, sondern Ausdruck unserer Kommunikationsstrategie. Im von uns kreierten Spot zeigten wir dann den mächtigen Valser Berg, aus dem das berühmte Valser Wasser strömt. „Das ist unsere Fabrik. Hier entsteht unser ursprüngliches Valser Wasser. Unberührt von Menschenhand fließt das Wasser durch Schichten von Mineralien. Es braucht 25 Jahre, bis das Wasser für Sie bereit ist. Valser nimmt sich Zeit." Ungefähr so lautet die Kernaussage des Spots, mit dem wir dann schlussendlich auch den Auftrag gewonnen haben. Aber nicht nur deshalb – wir haben uns mit unserer Idee, zeit- und arbeitsintensiv den Valser Berg zu bauen, von anderen Agenturen abgehoben und damit den Kunden überrascht.

Dresscode „Business Casual"
Ich war auf einem Jahreskongress der German Speakers Association in Deutschland, mit 300 Teilnehmenden und dem Dresscode „Business Casual". Alle Teilnehmer hielten sich an die Vorgaben und so hatte man eine Gruppe von 200 Menschen, die alle gleich aussahen. Doch da gab es diese Teilnehmerin mit Cowboyhut, Jeans, kariertem Hemd und Lederboots, meist umgeben von einer Traube von Menschen. Man konnte sie nicht übersehen, beim Kaffee, in der Pause, beim Mittagessen, im Saal. Sie war überall präsent.

„Sieht stark aus", sagte ich ihr. „Wie reagieren die Leute auf deinen Regelbruch?" „Weißt du, ich gebe Humorseminare und möchte die Teilnehmenden auf diese Seminare ansprechen. Nun, ich muss gar nicht auf sie zugehen. Sie kommen alle zu mir und sagen mir: ‚Wow, cooler Aufzug! Hat das irgendeine Bedeutung?' Ja, ich gebe Humorseminare", sage ich dann. „‚Das nächste findet nächsten Monat statt. Bist du interessiert?' Du kannst dir nicht vorstellen, wie gut das funktioniert. Ich mache das häufig so, ich gehe zu Events, ziehe meine Boots an, meinen Cowboyhut und warte darauf, bis mich die Leute ansprechen. Das funktioniert immer, besser als Google Ads, Facebook und solche Sachen. Ich muss die Leute persönlich erreichen. Nur wenn sie mich persönlich erleben, habe ich die Glaubwürdigkeit."

Coca-Cola-Workshop um Mitternacht
Haben Sie sich auch schon überlegt, dass Zeit etwas Bewegliches ist, ein Gestaltungselement? Wir behandeln die Zeit aber so, als ob sie etwas Konkretes ist, etwas Unveränderliches, wie ein Stuhl zum Beispiel. Was wäre, wenn Sie die Zeit als Gestaltungselement betrachten würden? Ich habe das versucht, indem ich Coca-Cola vorschlug, den Strategieworkshop für ihren Energydrink „Burn", den sie testeten und über Clubs vertreiben wollten, nicht morgens um 09:00 Uhr in unseren Sitzungsräumen stattfinden zu lassen, sondern dann, wenn die Menschen diesen Energydrink in Clubs auch tatsächlich konsumieren, um Mitternacht, in einem Seitenraum eines Züricher Nachtclubs. An die Ergebnisse des Workshops kann ich mich nicht mehr erinnern, wohl aber an die Reaktion des verantwortlichen Brand Managers bei Coca-Cola. Er fand die Idee gewaltig, wie er sagte, und kam mit seinem Team Punkt 24:00 Uhr in den Club in Zürich West. Er hat mir einmal gesagt, dass er diesen Workshop nie mehr vergessen hätte.

Weshalb ich Marks Büro über Nacht schwarz streichen ließ
Den Orienting-Reflex können Sie auch als Chef benutzen, wenn Sie einmal einen Punkt setzen wollen. Manchmal lohnt es sich, dem Gewöhnlichen zu widerstehen. Überraschen Sie Ihr Team. Es geht dabei nicht darum, originell zu sein, das meine ich nicht. Sondern darum, einen Punkt zu setzen, zu überzeugen. Unsere Büros in der Züricher Innenstadt waren alle in den Farben Grau-Schwarz gehalten: Die Böden schwarzes Linoleum, die langen Korridore waren mit graubespritzten Platten belegt und diese mit silbrig-polierten Noppen an den Wänden festgeschraubt, nach dem Vorschlag unseres Innenarchitekten, alles spärlich und karg möbliert. Einige Kunden meinten, es wirke klösterlich, andere – etwas kritischer – verglichen die Büros mit der Hochsicherheitshaftanstalt Alcatraz. Man kann sagen, was man will: Die Büros hatten Stil und Klasse. Nun, wieso erzähl ich das? Mein Partner und Creative Director Mark Stahel hatte die Gewohnheit, seine Vorschläge immer im letzten Moment abzuliefern, meist lange nach den festgelegten Deadlines. Mark war ein talentierter Creative Director und viele unserer besten Kampagnen stammten von ihm. Man nahm ihm seine Unpünktlichkeit nicht übel. Er

war immer gut gelaunt, konnte allen Situationen einen Scherz abringen, und seine kleinen Nachlässigkeiten konnte er durch witzige Ausreden immer wieder ausbügeln. Nur diesmal hatte ich ein Problem. Ein großer Kunde wartete seit mehreren Tagen auf neue Vorschläge für einen Radiospot. Ein gähnend langweiliger Auftrag, den Mark ganz unten in seiner Schublade vergraben hatte. Wir konnten den Kunden immer wieder vertrösten und haben immer neue Gründe gefunden, weshalb es noch etwas dauern würde. Doch nun mussten wir liefern, innerhalb von 24 Stunden. So ging ich am Morgen zu Mark ins Büro, mit den hellgrauen Wandplatten und den silbrigen Nöppchen, dem schwarzen Linoleumboden und der strahlend weißen Decke. „Mark. Ich bitte dich, liefere die Vorschläge noch heute Nachmittag, bitte, wir brauchen diese wirklich dringend. Lange kann ich den Kunden nicht mehr vertrösten. Wenn nicht, Mark, dann hat es Konsequenzen. Ich lasse dann dein Büro schwarz streichen." Die Vorschläge kamen nicht, wie zu erwarten war. Und so kam es, wie es kommen musste. Nachts, als Mark weg war, kamen die Maler, deckten die Möbel ab und strichen Wand und Decke schwarz. Um 10:00 Uhr am nächsten Tag saß Mark an seinem Schreibtisch. In der schwarzen Höhle erschien sein rundes grinsendes weißes Gesicht. „Ok, Ok, Ok", sagte Mark, „ich hab's verstanden. Ich werde mich bessern." Selbstverständlich hat Mark mir das heimgezahlt, eine Woche später war mein Büro sonnenblumengelb gestrichen – zu meiner großen Freude.

5 Die Erkenntnis: Überraschen Sie – so werden Sie (wieder) gehört

Sie können noch so gescheit sein. Sie können noch so gute Argumente haben. Sie können alles richtig machen. Wenn Ihnen niemand zuhört, bewegen Sie nichts. Nun fragen Sie sich vielleicht: „Wieso hört man den einen zu, aber nicht den anderen, wieso nicht mir? Woran liegt es?" Das kann viele Gründe haben. Ihr mangelndes Wissen vielleicht, Ihre mangelnde Erfahrung, Ihre Glaubwürdigkeit? Es kann aber auch an etwas anderem liegen. Vielleicht sind Ihre Gespräche, vielleicht ist Ihre Art sich auszudrücken ganz einfach langweilig. Vielleicht ist alles an Ihnen vorhersehbar. Sie sind vielleicht wie ein Film, von dem man schon nach wenigen Minuten weiß, wie er enden wird. Das behindert Sie massiv, wenn es darum geht, zu überzeugen. Ihre ganze Arbeit wird entwertet. All ihre Argumente und Informationen versinken im Sumpf der Langeweile und Ihre Zuhörer mit ihnen. Sie können das ändern. Bringen Sie die Blase zum Platzen. Überraschen Sie Ihr Gegenüber in einem Gespräch oder in einer Präsentation. Widerstehen Sie dem Gewöhnlichen. Es geht nicht darum, originell zu sein, verstehen Sie mich richtig. Es geht nicht darum, dass Sie den Clown spielen, sondern darum, dass Sie Ihre Argumente, Ihre Schlüsselversprechen dramatisieren, lebendig und anschaulich machen, zum Beispiel so, wie es Jamie Oliver mit der Zuckerkarre gemacht hat. Das war kein clownesker Akt, das war gekonnte Inszenierung und hat die Zuhörenden elektrisiert. Sie kennen die „Ted Talks"? Die kurzen 18-minütigen Video-Präsentationen der besten Denker und Experten aus Wissenschaft, Technologie, Wirtschaft, Psychologie, Kreativität. Ich habe Hunderte davon angesehen. Viele gut, einige überragend. Und dann gibt es den „Ted Talk" von Jamie Oliver. Er sprach in diesem kurzen Beitrag über ungesunde Ernährung von Schulkindern und über die Menge von Zucker, die Jugendliche jeden Tag, jede Woche, jeden Monat, jedes Jahr in der Schulkantine konsumieren. Er kam mit einer Schubkarre voller Würfelzucker auf die Bühne und einer großen Schöpfkelle. Und während er die Zahlen nannte, warf er mit seiner Schöpfkelle die Menge Zucker auf den Boden, die ein Schüler in einer Woche, einem Monat, einem Jahr konsumiert. Zum Schluss schüttete er den Inhalt der Schubkarre auf den Boden. „Dies ist die Menge von Zucker, die ein Schüler, eine Schülerin in einem Jahr konsumiert." Das überzeugt.

Dafür müssen Sie vielleicht Ihre Komfortzone verlassen, auch Ihre angelernte Höflichkeit. Am Anfang wird es Ihnen schwerfallen. Ihr Nagel wurde schon früh zurückgehämmert, wie die Japaner sagen. Die Anstrengung wird sich aber auszahlen und eine völlig neue Lebenserfahrung wartet auf Sie. Sie sagen jetzt vielleicht: „Sie haben leicht reden. Das funktioniert vielleicht in einer Marketingagentur, aber nicht bei uns. Sie kennen meine Kolleginnen nicht, meinen Chef oder meine Kunden. Die haben weder die Zeit noch die Geduld für solche Späßchen. Die interessieren sich für Zahlen und Fakten und mögen es nicht, überrascht zu werden. Kann ich denn sicher sein, dass mein Vorgehen nicht als störend empfunden wird?" Nein, das können Sie nicht. Das ist ja genau der Sinn der Sache. Sie sollen mehr stören.

Tipp 10: Einfachheit
Damit versteht man Sie

Inhaltsverzeichnis

1 Um was es geht 141
2 Wie ein Redner seine Zuhörer verlor 142
3 Gibt es Dinge, die man nicht vereinfachen kann? 144
4 Die Erkenntnis: KISS – Keep It Simple and Stupid 145

Ein Professor hat mir einmal gesagt: „Man kann sich eine Sache nicht kompliziert genug vorstellen." Ich sage Ihnen: „Stellen Sie sich eine Sache so einfach wie möglich vor. Aber nicht einfacher."

1 Um was es geht

Soll mein Überzeugungsgespräch, meine Bewerbung, mein Antrag, mein Gesuch, meine Präsentation so einfach und klar sein wie möglich oder eher etwas komplexer, um einen stärkeren Eindruck zu hinterlassen? Muss ich so viele Informationen und Daten wie möglich vermitteln, damit die Zuhörenden alle Fakten kennen, oder muss ich im Gegenteil eher reduzieren und einfach sein? Solche Fragen werden mir in meinen Workshops oder von Freunden, die eine Präsentation vorbereiten oder sich bewerben, immer wieder gestellt.

Manchmal hilft es, etwas Rückenwind von Personen zu haben, die sich mit dieser Frage intensiv auseinandergesetzt haben, wenn auch in völlig anderen Gebieten. Albert Einstein sagte zum Thema Einfachheit: „Mache die Dinge so einfach wie möglich – aber nicht einfacher." Der Architekt Ludwig Mies van der Rohe hat den Satz „less is more" geprägt und in seinen Bauten umgesetzt. Antoine de Saint-Exupéry drückte den Gedanken folgendermaßen aus: „Perfektion ist nicht dann erreicht, wenn man nichts mehr hinzufügen, sondern wenn man nichts mehr weglassen kann." Das Unternehmen Mercedes hat den Gedanken in einen Slogan für sein Kleinauto Smart gegossen: „Reduce to the max."

Es liegt an Ihnen, dafür zu sorgen, dass man Sie versteht. Geben Sie nicht so viele Informationen wie möglich, sondern so viele wie nötig. Erzählen Sie nicht irgendwelche Geschichten, sondern solche, die Ihre Aussage unterstreichen. Zeigen Sie nicht irgendwelche Bilder, sondern solche, die Ihre Aussagen gut veranschaulichen. In Zweifelsfällen halten Sie sich an folgende Regel: KISS – Keep It Simple and Stupid.

2   Wie ein Redner seine Zuhörer verlor

Begleiten Sie mich für ein Beispiel auf die Abschiedsfeier des Szenografie-Studiums meiner Tochter. Sie werden lesen, welche Folgen es hat, wenn Sie die Dinge bewusst komplizierter machen, als sie sind.

Die Ansprache und Feier fanden im Theatersaal der Gessnerallee statt. Der Saal war bis auf den letzten Platz gefüllt. Die Neugier im Raum war mit Händen zu greifen. Die Lichter im Publikum gingen aus, das Licht über dem Rednerpult ging an. Der Festredner trat ans Rednerpult, legte seinen Stapel von Notizen gekonnt inszeniert auf das Pult, blickte ins Publikum, machte eine kurze Kunstpause, nahm die Zettel wieder in die Hand und begann mit tragender Stimme seinen Vortrag zur Bedeutung der Kunst in der heutigen Zeit. Ein spannendes Thema, dachte ich, äußerst relevant in einer Zeit, in der sich die Bedeutung der Kunst in der Form astronomischer Auktionspreise manifestiert. In einer kurzen Einführung brachte uns der Referent an das Thema heran, und dann führte er die erwartungsvollen Zuhörer entschlossen in sein Labyrinth der Gedanken, Ideen und Beobachtungen. Wir folgten ihm noch um die ersten Wendungen, in der Hoffnung, irgendwo einen Gedanken zu finden, einen Anhaltspunkt vielleicht, der Orientierung schafft. Bald aber wurde klar, dass wir uns alle hoffnungslos verirrt hatten. Ich wünschte mir nur eines, dass bald ein Ausgang sichtbar wird und der Spuk ein Ende finden würde. Gleichzeitig wurde aber klar, dass dies noch dauern würde. Die Anzahl der Zettel in der Hand des Redners, die darauf warteten, ihr Geheimnis zu enthüllen, war noch beachtlich. Zettel um Zettel führte uns der Redner tiefer hinein in seinen Irrgarten der Künste. Irgendwann, nach gefühlten zwei Stunden, ließ er uns am Ausgang liegen, um wieder im Schatten zu verschwinden, aus dem er erschienen war. Er hinterließ fragende und ratlose Blicke, einen schwachen Applaus, nicht als Anerkennung für seinen Vortrag, sondern mehr als Zeichen des Dankes, dass der Vortrag doch noch ein Ende gefunden hatte.

Ich denke noch gelegentlich an den Vortrag des Studienleiters zurück und überlege mir, was er uns sagen wollte. Welchen Gedanken wollte er vermitteln, welche Erkenntnisse? Oder hat sich der Redner darüber keine Gedanken gemacht? Welche verpasste Chance, bei den Zuhörern etwas zu bewegen und eine Einsicht reifen zu lassen!

Dieses Verhalten beruht auf zwei Missverständnissen:

- Erstes Missverständnis: *Komplexität macht mich und das Gespräch für den Zuhörer interessanter und spannender.* Mein Einwand: Bei wissenschaftlichen Vorträgen mag das sein, aber nicht, wenn Sie überzeugen wollen.
- Zweites Missverständnis: *Ich bin nicht gut darin, Dinge einfach und klar zu sagen.* Mein Einwand: Falsch! Es liegt eher daran, dass Sie sich nicht die Zeit dafür nehmen, Ihre Gedanken aufzuräumen.

Einfachheit setzt Arbeit voraus
Ein gutes Gespräch ist wie gutes Design. Sie können Ihr Gespräch gut designen oder schlecht designen. Der englische Unternehmer und Designer Sir Conran bringt es auf den Punkt, wenn er sagt: „Simplicity is not the beginning. But the end." Es braucht eine Menge Arbeit, um zur Ein-

fachheit zu gelangen. Er bezieht sich damit auf Design und Architektur. Aber seine Erkenntnis und Aussage ist auch von großer Relevanz in der Überzeugungskommunikation.

Eine Dissertation in 180 Sekunden
Sie mögen jetzt einwenden: „Das mag ja gut sein in Marketing und Verkauf. Da geht es um einfache Dinge, um ein greifbares Produkt oder eine konkrete Dienstleistung. Meine Themen sind viel komplexer." Sie haben vielleicht gerade eine Dissertation geschrieben und mehrere Jahre daran gearbeitet, wie zum Beispiel Elise Berodie, Doktorandin an der Eidgenössischen Technischen Hochschule Lausanne, zum Thema „Impact of the Supplementary Cementitious Materials on the kinetics and microstructural development of cement hydration". Wie soll man das einfach erklären? Unmöglich! Sie hat es geschafft. Sie hat am Wettbewerb „MT180, My thesis in 180 seconds" der EPFL (École Polytechnique Fédérale de Lausanne) teilgenommen und den zweiten Platz gewonnen. Sie können Ihr Video auf YouTube anschauen. Sie erläutert in diesem 180-sekündigen Video ihre Thesis und ihre Studie anschaulich, einfach, klar und nachvollziehbar. Es ist möglich, komplexe Dinge auf eine einfache Art darzulegen, aber es braucht etwas Arbeit.

3 Gibt es Dinge, die man nicht vereinfachen kann?

Es gibt Fragestellungen, Themen, Probleme, die sich einfachen Formen entziehen, die so komplex sind, dass sie sich nicht in 180 Sekunden erklären und schon gar nicht lösen lassen, auch nicht in drei Jahren, auch nicht in 30 Jahren. Die Wissenschaft hat dafür einen Ausdruck gefunden: Wicked Problem, ein Problem, das fast unmöglich zu lösen ist, weil das Wissen darum unvollständig und widersprüchlich ist, wegen der großen Menge von Menschen, die davon betroffen sind, und der unterschiedlichen Meinungen, der mit einer Lösung verbundenen wirtschaftlichen Kosten und weil das Problem mit anderen Problemen unlösbar verknotet ist. Beispiele sind soziale Ungerechtigkeit, der Klimawandel, der Israel-Palästina-Konflikt.

Allenfalls haben Sie in Ihrem Umfeld Freunde oder Bekannte, die sich allgemeingültigen Erkenntnissen entziehen und die Wissenschaft nicht als Gradmesser akzeptieren; Verschwörungstheoretiker z. B., die überall Lügen, Unterdrückung und Sabotage sehen. Ein Freund von mir gehört dazu. Ich habe Stunden mit ihm gesprochen. Ich habe alles probiert. Manchmal dringe ich kurz zu ihm durch, bis ich dann merke, dass mein Gespräch nicht das Geringste auslöst. Es ist, als ob er auf der Rückseite des Mondes gelandet wäre und von der Erdseite her nicht mehr erreichbar ist. Wenn er jeweils Behauptungen aufstellt, wie zum Beispiel die, dass ein Drittel aller Impfungen Placebos sind oder dass Geheimlogen Corona geschaffen hätten, frage ich ihn jeweils, ob er dies belegen könne. Er sagt dann häufig, dass er über gut unterrichtete Quellen verfüge und dass viele seiner Freunde diese Haltung teilen würden. Während ich früher mit ihm über solche Aussagen gestritten habe, lasse ich sie heute an mir vorbeiziehen. Es bringt nichts, mit ihm über Wissenschaft, Statistik und Fakten zu sprechen. Sie bedeuten ihm nichts. Und ich habe aufgegeben, ihn überzeugen zu wollen. Was hat der Philosoph Bertrand Russell dazu gesagt? (Tipp 10) *„Ich fühle mich verpflichtet zu sagen, dass die emotionalen Universen, die wir bewohnen, so unterschiedlich und in tiefster Weise entgegengesetzt sind, dass nichts Fruchtbares oder Aufrichtiges aus einer Verbindung zwischen uns hervorgehen könnte."*

In solchen Fällen rate ich Ihnen, Ihre Energie nicht zu verschwenden.

4 Die Erkenntnis: KISS – Keep It Simple and Stupid

Wirksame Kommunikation zeichnet sich durch Klarheit, Transparenz und Aufrichtigkeit aus. Wenn es Ihnen darum geht, zu überzeugen, und nicht darum, zu beeindrucken, dann werfen Sie unnötigen Informationsballast ab. Sie überlegen sich, was Ihre Argumente und Schlüsselversprechen sind und welche Geschichten und Bilder diesen Kraft und Energie verleihen. Sie konzentrieren sich darauf, was wirklich wichtig ist und relevant. Im Zweifelsfall hilft immer das KISS-Prinzip – Keep It Simple and Stupid. Sie fragen sich nun vielleicht, wie Sie wissen können, ob Ihr Gespräch einfach genug war? Dazu gibt es eine ganz einfache Regel: Wenn Sie verstanden werden. Wenn sich die Gesprächspartner an das erinnern, was Sie gesagt haben und die Kernaussagen wiedergeben können, dann haben Sie Einfachheit eingebracht.

Tipp 11: Gegenseitigkeit
Machen Sie Geschenke

Inhaltsverzeichnis
1 Um was es geht 147
2 Was ich von einer Bündner Bergbäuerin gelernt habe 148
3 Bringt ein Mini-Nähset wirklich mehr Spenden? 149
4 Wie 1 Kilo Pralinés verschlossene Türen öffneten 152
5 Wie die Pharmabranche mit Geschenken die Ärzte manipuliert 154
6 Die Erkenntnis: Wenn Sie etwas geben, erhalten Sie etwas zurück 155

Wenn Sie jemandem ein kleines Geschenk machen, erhalten Sie meistens eines zurück. Diese Erkenntnis kann für Ihr Anliegen sehr wichtig sein.

1 Um was es geht

In diesem Buch steht die Sprache als Werkzeug der Überzeugung im Vordergrund. Das, was Sie sagen, ist allerdings nur ein Aspekt der Überzeugung. So viele andere Vorzüge können Sie in die Waagschale werfen und geschickt nutzen: Ihr Aussehen, Ihre Stimme, Ihre Körpersprache,

Ihre Mimik, Ihre Begeisterung. Es gibt aber noch einen weiteren Aspekt, der hier seinen Platz finden muss: Das sind die Gepflogenheiten oder soziale Prinzipien und Normen, wie zum Beispiel das Prinzip der Gegenseitigkeit oder „Reziprozität", wie es in der Verhaltensforschung genannt wird. Eine Aktion löst eine Gegenaktion aus. Sie erhalten etwas zurück, wenn Sie etwas geben. Wenn Sie jemandem ein Geschenk machen, eine Aufmerksamkeit zukommen lassen, wird er oder sie Ihnen in der Regel ein kleines Geschenk, eine kleine Aufmerksamkeit zurückgeben. Das gehört sich so. So wurden wir erzogen. Wenn Sie als Gast zu einem Essen eingeladen werden, werden Sie nicht mit leeren Händen kommen, sondern eine kleine Aufmerksamkeit mitbringen. Sie können nicht anders. Sie müssen das einfach tun. Es ist wie ein Naturgesetz. Das Gesetz der Reziprozität kann Ihnen helfen, wenn es darum geht, das zu erhalten, was Sie sich wünschen.

2 Was ich von einer Bündner Bergbäuerin gelernt habe

Ich wohne auf dem Land, in einer kleinen Ortschaft im Prättigau, in der Nähe von Klosters/Davos in der Schweiz. In unserem Dorf gibt es drei Milchbauern. Im Sommer bringen sie ihre Kühe auf die Alp und ab September kann man bei ihnen dann den Alpkäse kaufen. Seit Jahren kaufe ich im Herbst bei meiner Nachbarin regelmäßig einen ganzen Laib Käse. Sie geht dann in den Keller und wiegt den Käse. Meist liegt das Gewicht etwas über 5 kg, z. B. 5,26 kg oder 5,74 kg. Bei einem Kilopreis von 17 Schweizer Franken gibt es dann immer diese sperrigen Beträge, z. B. 97,60 oder 95,85 Schweizer Franken. Kleingeld habe ich nie bei mir und Kartenzahlung ist da oben nicht möglich. So zahle ich meist mit einer Hunderternote. Die Bäuerin geht dann in ihre Wohnung und bringt mir den Restbetrag von ein paar Schweizer Franken und Rappen, ziemlich umständlich. Eines Tages wurde es mir zu mühsam, auf das Rückgeld zu warten, und ich sagte ihr: „Machen wir 100 Franken." „Warte doch kurz", entgegnete sie, kehrte wieder in ihre Wohnung zurück und brachte mir ein kleines Glas selbst gemachte Konfitüre. Natürlich habe ich mich darüber gefreut, aber viel gedacht habe ich mir dabei nicht. Erst im Nachhinein ist mir aufgefallen, dass dies nun seit Jahren so läuft. Ich zahle statt des angebrochenen 90er-Betrags immer 100 Schweizer Franken und sage: „Der Rest ist für die Kaffeekasse." Jedes Mal schenkt sie mir dann etwas Selbstgemachtes: Konfitüre, eingelegtes Gemüse oder z. B. die Bündner Spezialität Pizokel. Wenn man etwas schenkt, erhält man etwas zurück, unweigerlich. Die Verhaltensforschung hat diese Beobachtung untersucht und unter dem schwerfälligen Begriff „Reziprozität" oder Prinzip der Gegenseitigkeit beschrieben. Die Reziprozitätsregel besagt, dass Menschen, wenn sie etwas erhalten, motiviert sind, dafür eine Gegenleistung zu erbringen.

3 Bringt ein Mini-Nähset wirklich mehr Spenden?

Ja! Glauben Sie mir, ein Give-away in einem Spendenmailing, ein Mini-Nähset zum Beispiel, ein kleiner Notizblock oder ein Kugelschreiber, erhöht die Bereitschaft zu spenden. Zweifeln Sie daran? Eine Fachorganisation für Behinderung hatte im Keller ein großes Lager. Da gab es Schachteln voller Kugelschreiber, Mini-Notizblöcke, Mini-Nähsets, Heftpflaster, Mini-Agenden, Weihnachtssterne, alles Restposten von Mailings. Sie fragen sich nun wohl, was der Zweck dieser unnützen Objekte ist, die kaum mehr einem Gebrauch zuzuführen sind. Es sind die unglücklichen Restposten von Postsendungen an die Spender und Spenderinnen der Organisation. Give-aways? Wer will denn so was? Diese Frage habe ich mir auch gestellt. Niemand – so meine Annahme. Niemand möchte noch einen weiteren billigen Kugelschreiber, noch ein Nähset, noch einen unnützen und billigen Plastik-Weihnachtsstern. Immer wieder beschweren sich Spender und sagten, die Organisation soll doch bitte darauf verzichten, dieses Material zu verschicken, und manche schicken die Objekte per Post wieder zurück. „Das kostet doch alles Geld", schreiben sie, „ich möchte mit meiner Spende nicht billigen Werbekitsch finanzieren. Ich möchte, dass meine Spende direkt den Menschen mit einer Behinderung zugutekommt." Jetzt müsste man annehmen, dass diese Postsendungen als Marketinginstrument auch nicht funktionieren. Doch weit gefehlt. Die Wirkung jedes Mailings wird akribisch gemessen. Die Organisation weiß genau, wie viele Mailings an welche Zielgruppe geschickt wurden und was das Mailing bewirkt hat, wie viel Prozent der angeschriebenen Personen spenden und welche Beträge. Die verantwortliche Projektleiterin hat mir eindrückliche Zahlen gezeigt. Während ein Mailing ohne Give-aways vielleicht um die 6 % bis 10 % Rücklauf und Spenden erzielt, waren es mit Give-aways zwischen 12 % und 16 %, manchmal noch mehr. Aber nicht nur der Rücklauf war größer, auch die Höhe der Spende stieg deutlich an, statt 30 Schweizer Franken pro Spende vielleicht um die 45 Schweizer Franken. Bei 500.000 eingesetzten Adressen können so Mehrerträge von Hunderttausenden, ja Millionen von Schweizer Franken erzielt werden, weit mehr als die Kosten für die meist billigen Objekte. Auf der einen Seite ist die Gruppe der Leute, die sich an solchen Give-aways stört und sagt: „Ich spende nicht mehr. Sie verschwenden Spendengelder", und auf der anderen Seite erzielen Sie wegen der Beilagen einen deutlich höheren Rücklauf und manchmal bis zu doppelt so hohe Durchschnittsspenden. Es funktioniert. Schlussendlich hilft es den Menschen mit einer Behinderung. Der Grund, dass es funktioniert, ist das Prinzip der „Reziprozität". Wenn wir etwas erhalten, müssen wir etwas zurückgeben.

Haben Sie sich schon einmal überlegt, weshalb Firmen Werbegeschenke machen, Sie zum Mittagessen einladen, Ihnen Gutscheine schicken oder Sie zu Reisen einladen? Ja, vordergründig möchte man sich bei Ihnen für die Zusammenarbeit bedanken. Aber es gibt einen Hintergedanken: Kleine Geschenke vertiefen die Freundschaft und stärken das Geschäft. Mit Geschenken kann man Meinungen verändern und Entscheidungen beeinflussen, nicht nur in der Politik mit Wahlkampfspenden, sondern auch im täglichen Leben. Man kann sich dem kaum entziehen.

Wie ich meine Überzeugung an einem einzigen Abend über Bord warf
Ich schildere Ihnen nun eine Begebenheit, wie eine Einladung mein entschiedenes Nein in ein entschiedenes Ja umgewandelt hat. Dazumal war mir nicht bewusst, dass ich einer Kraft ausgesetzt wurde, der ich mich nicht entziehen konnte. Ich kann mich noch gut an meinem ersten Job

in der Werbung erinnern, als Promotion Manager für Hertz Autovermietung in der Schweiz. Ich war damals Anfang 20, unerfahren und wohl auch etwas naiv. Hertz Schweiz legte zu dieser Zeit in jedes Mietauto einen „Mini-Guide to Switzerland", der von einem Verlag publiziert wurde. Auf jeder Seite wurde ein Hotel oder ein Restaurant vorgestellt. Die Hotels und Restaurants bezahlten dem Verlag dafür einen hohen Betrag. Dazwischen wurden Anzeigen von Markenprodukten geschaltet: Uhren, Schokolade, Parfums. Geschäftsreisende und Touristen sind eine begehrte und profitable Zielgruppe. Der Nutzen für die Verlegerin war also klar. Der „Mini-Guide to Switzerland" brachte ihr eine Maxi-Rendite. Der Nutzen für Hertz leuchtete mir weniger ein. Die Honorierung seitens des Verlags für die Verteilung durch uns stand in keinem Verhältnis zum Aufwand. Ich war verantwortlich für dieses Projekt, und mein Chef bat mich um eine Empfehlung, ob wir den Vertrag verlängern sollten. Meine Meinung war klar: Der Nutzen für Hertz und die Kunden war gering. Häufig blieben die Mini-Guides in den Autos ungeöffnet liegen und mussten entsorgt werden. Zudem war die Honorierung für die Verteilung zu gering. So beschloss ich, meinem Chef zu empfehlen, die Zusammenarbeit zu beenden. Da erhielt ich Besuch von der Verlegerin, die mir die Vorzüge ihres Erzeugnisses noch einmal in allen Details erläuterte und vorschlug, den Vertrag wieder zu verlängern. „Es ist doch ein Einfaches, mit der Straßenkarte auch gleich den ‚Mini-Guide to Switzerland' beizulegen. Die Kunden schätzen den Guide, das wissen wir aus unseren Umfragen."

Die Argumente konnten mich nicht überzeugen und ich blieb beim Nein. Am Schluss sagte die Verlegerin freundlich: „Herr Schmid, ich bedaure es sehr, dass ich Sie nicht überzeugen konnte. Ich kann Ihre Haltung aber nachvollziehen. Lassen Sie uns diese Zusammenarbeit mit einem guten Abendessen bei uns feierlich beenden. Mein Mann und ich haben ein schönes Haus direkt am Zürichsee. Ich werde für Sie zu diesem Anlass gerne kochen." Kurz zusammengefasst geschah Folgendes. Die beiden waren außerordentlich gastfreundlich und liebenswürdig. Das Haus war schön, das Essen exquisit, der Wein vom Feinsten, die Gespräche freundlich und spannend. So geschah, was geschehen musste. Beim Hinausgehen bedankte ich mich für die freundliche Einladung und sagte, ohne mir das vorher überlegt zu haben: „Und das mit dem ‚Mini-Guide to Switzerland', ich glaube ich verstehe den Nutzen jetzt besser. Ich denke, es wäre schade, wenn wir diese Zusammenarbeit beenden würden." Und so wurde der Vertrag um weitere drei Jahre verlängert. Sie fragen sich nun, ob ich dafür Geld bekommen habe. Nein, nicht einen Franken und glauben Sie mir, ich hätte kein Geld angenommen. Korruption hätte bei mir genau das Gegenteil ausgelöst. Das wäre für mich kein Geschenk gewesen, sondern eine Belastung. Das hat die Verlegerin gut gespürt. Das Prinzip der „Reziprozität" hat ganz einfach seine Wirkung entfaltet. Man kann sich dem wirklich nur schwer entziehen.

4 Wie 1 Kilo Pralinés verschlossene Türen öffneten

Wie gewinnt eine Kommunikationsagentur eigentlich ihre Kunden? Es gibt viele Wege. Wenn man bekannt ist, wird man zu einem Pitch eingeladen, ohne dass man viel dafür tun muss. Oder die Agentur hat eine Kampagne geschaffen, die im Markt sehr erfolgreich ist und auffällt. Ein möglicher Kunde sieht nun diese Kampagne und sagt sich: „Hm, interessant. Wie wäre es, wenn ich einmal mit den Jungs spreche?" Was ist aber, wenn man nicht auf der Pitch-Liste steht? Vielleicht weil man seine Firma erst gerade gegründet hat und noch wenig bekannt ist oder weil man in dem bestimmten Markt noch nie gearbeitet hat. Dann gibt es nur eine Möglichkeit, nämlich die, sich im Bewusstsein eines möglichen Kunden „emporzuarbeiten". Da gibt es viele Wege, auch den, durch kleine Geschenke die Aufmerksamkeit zu gewinnen und irgendwann einmal eine Handlung auszulösen.

Hier ein Beispiel, wie unsere Agentur dank des Prinzips der Reziprozität einen großen Kunden gewonnen hat und in einen bedeutenden Pitch eingeladen wurde. Ich hatte zwei Unternehmen auf dem Radar. Das eine war Swiss Airlines, die gerade eine neue Kommunikationsagentur suchte und acht Agenturen in eine engere Auswahl nahm. Unsere Agentur war nicht dabei. Das andere Unternehmen war der Reiseveranstalter Kuoni, der zurzeit auf eine Agentur verzichten wollte und die Kommunikation inhouse erstellte. Wir hatten damals zwei Trümpfe in der Hand. Einer war unsere erfolgreiche Kampagne für die Lancierung des Auskunftsdienstes 1818, nachdem die Auskunftsnummer 111 mit der Liberalisierung der Telekommunikation abgeschaltet worden war. Der andere Trumpf war unsere Neupositionierung der Schokoladenmarke Cailler, die durch eine Serie von Fehlentscheidungen in Schieflage geraten war und medial in aller Öffentlichkeit demontiert worden war. Beide Kampagnen wurden viel beachtet und waren bekannt. Die Helden der 1818-Kampagne waren crazy Zwillinge in hautengen Skianzügen, auf Skiern oder Rollschuhen, die „18" und die „18", welche in TV-Spots für die Auskunftsnummer warben. Ich steckte nun zwei meiner Mitarbeiter in die Skianzüge aus der TV-Produktion, brachte sie auf Rollschuhe und schickte sie zuerst zur Swiss, dann zu Kuoni. Ihre Aufgabe war es, dem CEO oder dem Marketingchef ein Kilo feinster Cailler Pralinés als kleine Aufmerksamkeit unserer Agentur persönlich zu überreichen, zusammen mit einer DVD mit den von uns entwickelten TV-Spots und einem Terminvorschlag für ein Treffen. Bei Kuoni hat der CEO von Kuoni Schweiz die Schokolade in Empfang genommen. Bei Swiss wurden die beiden Jungs gleich in eine Marketingsitzung geführt, wo sie mit ihren Rollschuhen den Meeting-Tisch umrollten und wie im Flugzeug die Pralinés aus der Schachtel an das Marketingteam verteilten. Ob es funktioniert hat? Und wie. Eine Woche später erhielt ich von Swiss einen Anruf mit der Frage, ob unsere Agentur interessiert sei, am Pitch teilzunehmen. Im Falle von Kuoni rief uns der Marketingchef von Kuoni an, lud uns zu einem dringenden Meeting ein und vier Wochen später waren wir die Agentur von Helvetic Tours, ohne Pitch, ohne weiteren großen Aufwand. Natürlich war es nicht das Kilo Schokolade, das die Handlung auslöste. Das Geschenk war ein Gesamtpaket: der Besuch, die persönliche Überreichung, die Schokolade, die Unterhaltung, die DVD mit dem Cailler- und 1818-Case als lehrreiche Entwicklungsbeispiele.

Ein Geschenk kann viele Formen haben
Geschenke müssen nicht Objekte sein oder Reisen, Einladungen und Konferenzen. Ein Beispiel: Unsere Londoner Niederlassung hatte ihre Strategen vor Jahren auf den internationalen Schokoladenmarkt angesetzt und in Vevey bei Nestlé – ohne Auftrag dazu – strategische Szena-

rien präsentiert: zum Beispiel „Trends im globalen Schokoladenkonsum" oder eine Evaluation des Marketings von Lindt, was deren Werbung so erfolgreich macht und was Nestlé davon lernen könnte. Hat das funktioniert? Und wie. Das Prinzip der Reziprozität gilt eben nicht nur bei Einzelpersonen, es gilt auch für Unternehmen. Das waren keine Geschenke im eigentlichen Sinn in Form von Geld, es waren strategische Leistungen, die, hätte man sie in Rechnung gestellt, Hunderttausende Schweizer Franken gekostet hätten.

5 Wie die Pharmabranche mit Geschenken die Ärzte manipuliert

Man kann dieses Kapitel nicht schreiben, ohne an die Grenzen zu denken. Überzeugen und Manipulation liegen nahe beieinander. Geschenke und Korruption sind Zwillinge. Besonders deutlich wird das in der Politik und im internationalen Sport, wo mit hohen Geldbeträgen und wertvollen Geschenken Entscheidungen beeinflusst werden. Immer wieder tauchen in den Medien Berichte von Politikern auf, die Einladungen zu Luxusreisen annehmen und so zu einer Entscheidung manipuliert werden. Die Menschen, die sich auf dieses Spiel einlassen, zahlen dafür einen hohen Preis. Das ist Korruption.

Es gibt keine Branche, die das Gesetz der „Reziprozität" so schamlos ausreizt wie die Pharmabranche, mit finanziellen Belohnungen, mit Einladungen zu Kongressen, mit bezahlten Luxusreisen für besonders „treue" Ärzte. Es ist nicht unüblich für eine Pharmafirma, dass sie verschreibende Ärzte als „Thought Leaders" unter Vertrag nimmt, sie als bezahlte Sprecher auf Kongresse einlädt und sie so dazu bringt, mehr von ihren Medikamenten zu verschreiben. All diese Maßnahmen zeigen Wirkung. Es ist erwiesen, dass Gratismuster zu mehr Verschreibungen führen. Einladungen auf Konferenzen, mit bezahlter Reise und Hotel, können die Verschreibung eines bestimmten Medikamentes um das Mehrfache erhöhen. Verfahren um unnötige Verschreibungen von Opioiden der Firma Purdue Pharma der Sackler-Familie in den USA haben einen eigentlichen Korruptionssumpf an die Öffentlichkeit gebracht. Die Auswüchse in der

Pharmabranche waren derart gravierend, dass der Gesetzgeber eingeschritten ist und die schlimmsten Auswüchse verboten hat. In der Schweiz zum Beispiel gilt heute das Offenlegungsprinzip, welches Missbräuche einschränkt.

6 Die Erkenntnis: Wenn Sie etwas geben, erhalten Sie etwas zurück

Sie überzeugen nicht nur mit dem, was Sie sagen, sondern auch mit dem, was Sie tun. Nutzen Sie diese Erkenntnis für sich. Wenn Sie etwas schenken, erhalten Sie in der Regel etwas zurück. Nicht immer, aber häufig. Kleine Geschenke, Aufmerksamkeiten wirken als positives Gewicht auf der Waagschale der Entscheidung. Die Geschenke können unterschiedliche Formen haben. Es kann eine Einladung zum Lunch oder Dinner sein, vielleicht bringen Sie eine regionale Spezialität zum Meeting oder Croissants zum Kaffee mit. Denken Sie aber daran, dass es nicht ein Objekt sein muss. Es kann eine Anregung sein, eine Idee, die Sie verschenken, eine Empfehlung, eine Beobachtung, die Sie gemacht haben und die für die andere Person von Nutzen ist. Ja, auch eine ehrlich gemeinte Anerkennung ist ein Geschenk, z. B. Glückwünsche zu einer Beförderung, eine Anerkennung für eine Errungenschaft oder ein erreichtes Ziel, vielleicht im Sport oder im Beruf. Besonders wirkungsvoll ist es, wenn Sie dies nicht einfach berechnend tun, sondern wenn auch Ihr Herz dabei ist.

Tipp 12: Auswahl
Bieten Sie Alternativen und verhandeln Sie

Inhaltsverzeichnis
1 Um was es geht 157
2 Die Panik vor einem Ja 158
3 Laut, leise oder medium 159
4 Alternativen sind gut fürs Geschäft 159
5 Wie Sie Ihren Chef mit drei Optionen überzeugen 160
6 Die Erkenntnis: Ermöglichen Sie eine Auswahl 161

Die Menschen haben gerne eine Wahl. Die Chance für Zustimmung steigt, wenn Sie eine Auswahl anbieten, ich nenne die drei möglichen Optionen „laut, leise oder medium".

1　Um was es geht

Sie werden in Ihrem Leben unweigerlich in Situationen kommen, in denen sich Personen nicht für Ihren Vorschlag entscheiden können. Sie haben alles versucht, doch das Wunder der Überzeugung ist nicht eingetreten. Die Person kann nicht Nein sagen, sie kann aber auch nicht Ja sagen. Geben Sie jetzt nicht auf. Vielleicht sind Sie näher bei einem Ja, als Sie glauben. Es fehlt nur der entscheidende Kick. Sie haben nämlich noch einen Pfeil im Köcher, Praxistipp 12: Auswahl. Bieten Sie Alternativen. Es kann sein, dass Sie Ihr Anliegen bisher wie ein Package betrachtet haben, das die Person in der bestehenden Form unverändert übernehmen soll und zu dem sie nun Ja oder Nein sagen kann. Wir werden in diesem Kapitel untersuchen, weshalb das keine gute Idee ist und weshalb Sie sich damit die Zustimmung verbauen. Ich werde Ihnen aufzeigen, dass es möglich ist, eine blockierte Entscheidung zu lockern, indem Sie Optionen anbieten. Sie werden auch erkennen, weshalb manche Entscheidungen schwerer fallen als andere.

2 Die Panik vor einem Ja

Wir fürchten uns häufig vor der Endgültigkeit und den Konsequenzen eines Ja und den Verpflichtungen, die daraus entstehen. Wir sagen dann: „Ich kann jetzt nicht entscheiden." „Ich muss es noch mit meiner Familie besprechen." „Darüber müssen wir noch reden." „Vielleicht nächstes Jahr, einfach nicht jetzt."

Lassen Sie sich nicht beirren, wenn Ihr Gegenüber solche Aussagen trifft, ganz im Gegenteil. Sie sind so weit gekommen, jetzt dürfen Sie nicht aufgeben. Geben Sie eine Auswahl. Ihr Anliegen ist nicht ein unveränderbares Package, sondern es hat viele Ausprägungen und Formen. Zeigen Sie diese auf.

Als Beispiel: Im Business ist das vielleicht die Wahl eines Geschäftspartners oder einer Geschäftspartnerin für eine neu zu gründende Firma, für ein Start-up vielleicht. Die Wahl eines Geschäftspartners ist eine schwerwiegende Entscheidung mit gravierenden Konsequenzen, das werden Ihnen viele Menschen bestätigen. Sie tun gut daran, wenn Sie Ihrem möglichen Partner eine Auswahl anbieten und zum Beispiel die folgenden Optionen anbieten: eine 50 %-, 25 %- oder 10 %-Beteiligung. Zu 50 % kann ein Partner vielleicht nicht Ja sagen, aber eine 10 %-Beteiligung öffnet dann plötzlich die Türen. Was hier so offensichtlich ist, übersehen wir in anderen Fällen, in denen wir vielleicht nahe an einer Entscheidung sind, weil die vordergründigen Anzeichen auf Ablehnung stehen.

3 Laut, leise oder medium

Auch wenn Sie etwas verkaufen wollen, müssen Sie manchmal nur eine weitere Option hinzufügen, um einen Kauf auszulösen. Jahrzehntelange psychologische Forschungen bestätigen, dass Menschen Wahlmöglichkeiten brauchen. Sie haben so das Gefühl, mehr Kontrolle über ihr Leben zu haben. Wenn ein Verkäufer einem Kunden eine Wahlmöglichkeit bietet, löst dies Selbstreflexion aus. Das bedeutet nichts anderes, als dass die Person Ihr Angebot verinnerlicht und Teil davon wird. Sie verwandeln die Person nun von einer Zuhörenden und Beobachtenden im Geschehen zu einer Teilnehmenden, die anfängt, mit Ihrem Vorschlag zu spielen. Sie beginnt, sich vorzustellen, wie es sich anfühlen würde, das Angebot anzunehmen. Ein stockender Prozess gerät wieder in Bewegung. Sie haben die Person nun wieder im Spiel.

Forschungen zeigen aber auch, dass mit der Anzahl der Optionen auch der Grad der Komplexität der Entscheidung zunimmt. Obwohl Menschen gerne Wahlmöglichkeiten haben, fühlen sie sich oft wie gelähmt und unfähig, eine Entscheidung zu treffen, wenn es darum geht, aus einer großen Anzahl von Optionen zu wählen. Warum kann eine Fülle von Auswahlmöglichkeiten so überwältigend werden? Der Grund dafür ist mit der menschlichen Psychologie verbunden. Wir fürchten uns davor, eine falsche Entscheidung zu treffen, wenn zu viele Optionen auf uns einprasseln. Geben Sie im besten Fall drei Optionen zur Wahl: laut, leise oder medium.

4 Alternativen sind gut fürs Geschäft

Ich hatte mir das Projekt vorgenommen, unseren Garten mit einem Kopfsteinpflasterweg zu unserem Haus zu verschönern und ließ dafür einen Gartenbauunternehmer aus der Region kommen. Er hörte mir aufmerksam zu und machte eine Menge Notizen. „Haben Sie vielleicht ein Budget für dieses Projekt?" Eine berechtigte Frage. Der Unternehmer will herausfinden, wie viel Geld zur Verfügung steht, und will das Angebot dann an diesen Betrag anpassen. Es gibt allerdings gute Gründe dafür, kein Budget zu nennen, sondern erst einmal zuzuhören, was das Unternehmen anbietet. Er meinte dann: „Ich schätze, dass dies um die 20.000 Franken kosten wird." Ich sagte daraufhin: „Ich habe eher an 15.000 gedacht." Der Unternehmer hat mir dann ein Angebot von 18.000 Schweizer Franken geschickt, das ich angenommen habe. Und so habe ich nun einen wunderschönen Kopfsteinpflasterweg durch meinen Garten zum Hauseingang. Es ist also alles gut gelaufen für mich, aber auch für den Gartenbauer, der den Auftrag erhalten hat. Doch hätte es nicht noch besser laufen können? Ja. Wäre ich der Gartenbauunternehmer gewesen, hätte ich drei Varianten zur Auswahl gegeben, eine laute, eine leise und eine mittlere Variante: eine Option für 25.000, eine für 20.000 und eine für 15.000 Schweizer Franken. Er hätte dann aufzeigen können, was möglich würde, wenn ich mehr Geld investierte. Studien zeigen, dass Menschen bei drei Angeboten häufig das mittlere wählen. Ich habe die Offerte von 18.000 Schweizer Franken angenommen, wäre aber auch durchaus bereit gewesen, die Variante für 25.000 zu wählen, wenn der Unternehmer mir aufgezeigt hätte, was damit zusätzlich möglich gewesen wäre.

5 Wie Sie Ihren Chef mit drei Optionen überzeugen

Angenommen, Sie wollen Ihren Chef davon überzeugen, die Ausbildungskosten für eine Zusatzausbildung zu übernehmen und dass er Ihnen die Zeit dafür zur Verfügung stellt. Die Ausbildungskosten betragen 6000 Euro. Sie wissen, dass ihm die Entscheidung nicht leichtfallen wird. Bieten Sie Alternativen an. laut, leise, medium.

Zum Beispiel

1. Laut: Das Unternehmen übernimmt den vollen Betrag von 6000 Euro und stellt Ihnen die Zeit zur Verfügung.
2. Leise: Sie übernehmen die Kosten für die Ausbildung selbst und das Unternehmen schenkt Ihnen die Ausbildungstage.
3. Medium: Sie übernehmen die Kosten für die Ausbildung und beziehen dafür Urlaubstage. Dafür aber erhalten Sie eine Lohnerhöhung von 10 %.

Die Frage ist, ob in diesem Falle nicht der Arbeitgeber die Optionen anbieten müsste. Ist es richtig und sinnvoll, dass Sie das machen? Das ist eine gute und berechtigte Frage. Erstens: Bestenfalls braucht es gar keine Option. Der Chef findet Ihren Vorschlag einer Zusatzausbildung gut. Er sieht den Nutzen darin und findet die Kosten gerechtfertigt. Zudem hat das Unternehmen ein großzügiges Ausbildungsbudget. Sofern sich Ihr Chef allerdings nicht entscheiden kann und Sie warten lässt, obwohl Sie sich in wenigen Tagen anmelden müssen, liegt es an Ihnen, die Optionen anzubieten. Wird dies ein schlechtes Licht auf Sie werfen? Nein, ganz im Gegenteil. Sie manifestieren sich damit als eine Person, die Führung übernimmt und ergebnisorientiert ist. Das ist genau die Art von Menschen, die Unternehmen suchen.

6 Die Erkenntnis: Ermöglichen Sie eine Auswahl

Wir sind ziemlich einfach gestrickt. Wir haben einen Plan. Wir wollen etwas von jemandem. Wir wissen ziemlich genau, was wir von dieser Person wollen, welche Entscheidung wir gerne hätten und welches Ergebnis wir erzielen möchten. Wir sind uns allerdings häufig nicht bewusst, welche Tragweite diese Entscheidung für die andere Person hat, dass sie sich allenfalls vor den Konsequenzen fürchtet und deswegen eine Entscheidung vermeidet oder auf später verschiebt. Wir sind dadurch nun blockiert, wahrscheinlich auch frustriert und verärgert. Das kann so weit gehen, dass die Beziehung darunter leidet. Das muss nicht sein. Hier können Sie vom klassischen Marketing lernen und den Verkaufstechniken. Ein guter Verkäufer bietet immer eine Auswahl an und bezieht so die Käuferin in den Entscheidungsprozess mit ein. Optionen führen dazu, dass die Person, die Sie überzeugen wollen, sich mit Ihrem Angebot und Ihrem Projekt auseinandersetzt, statt es von voneherein als schwierig und mühsam einzustufen. Mit der Auseinandersetzung wächst auch Ihr Zugang zu dieser Person. Sie lösen damit etwas aus, zum Beispiel, dass die Person ihrerseits Vorschläge macht. Sie öffnen damit wieder die Tür zu einem Ja. Geben Sie allerdings nicht zu viele Optionen zur Auswahl. Drei Vorschläge sind gut, denken Sie daran: laut, leise, medium.

Epilog und Management Summary

Ich habe das Buch mit der Absicht geschrieben, dass Sie zu Ihren Ideen, Ihren Absichten und Projekten stehen – und damit Erfolg haben. Sie haben gute Voraussetzungen, andere zu überzeugen. Sie haben eine gute Ausbildung, Sie sind in Ihrem Leben engagiert und – vor allem –, Sie haben Ideen, Pläne und Projekte, für die es sich lohnt einzustehen.

Es ist einfacher, andere zu überzeugen, als Sie denken, und es kann richtig Spaß machen. Überzeugen ist keine Kunst, die nur wenigen begabten Menschen vorbehalten ist, sondern eher wie ein Sport, mit bewährten Techniken, die Sie sich aneignen und nutzen können.

Vielleicht fragen Sie sich nach wie vor, ob es wirklich möglich ist, mit diesen einfachen Tipps Menschen von etwas zu überzeugen, zu dem sie vorher Nein gesagt haben. Versuchen Sie es. Sie können nichts verlieren. Ich allerdings habe keinen Zweifel daran, dass Sie Erfolg haben werden, wenn Sie sich mit den zwölf Praxistipps auseinandersetzen und diese in Ihr Leben integrieren. Wieso ich das weiß? Es handelt sich um die Methoden, welche die weltweit besten Kommunikationsspezialisten, Marketing- und Lobbying-Agenturen und Anwälte anwenden – nur unter anderen Namen –, erstens, um Kunden zu gewinnen, und zweitens, um deren Anliegen erfolgreich zu vertreten.

Zur Verdeutlichung noch einmal der folgende Vergleich: Stellen Sie sich vor, Sie sind Weitspringerin, vielleicht sogar talentiert, kennen aber keine Weitsprungtechniken. Nun kommt ein Trainer und bringt Ihnen die beste Anlauf-, Absprung- und Landetechnik bei und Sie trainieren damit. Plötzlich werden Ihre Sprünge länger, erst 4,50 m, dann 4,70 m, dann 5 m und schlussendlich vielleicht 6 m. Genau dies werden Sie erleben, wenn Sie die zwölf Techniken anwenden. Sie werden größere Sprünge machen.

Beginnen Sie heute damit. Fangen Sie damit an, dass Sie sich selber neu definieren. Sie haben ab heute Ihr eigenes kleines Kommunikationsunternehmen, Ihre eigene Werbeagentur, die Sie vertritt: sich selber. Stehen Sie zu Ihren Anliegen und Projekten und vertreten Sie diese, auch wenn Sie dafür kritisiert werden, auch wenn Sie Ablehnung erfahren, auch wenn man Ihnen Nein sagt. Lernen Sie aus dem Feedback. Entwickeln Sie Ihr Projekt weiter, und überzeugen Sie Ihre Umgebung davon.

Wie Sie trainieren? Stufenweise. Wenn Sie zum Beispiel Weitsprung trainieren, werden Sie nicht gleichzeitig alle Techniken üben. Sie arbeiten vielleicht an Ihrem Anlauf, dann am Absprung, dann an der Flugtechnik und schlussendlich an der Landung. Dasselbe gilt für die zwölf Praxistipps. Versuchen Sie nicht, alle zwölf Empfehlungen gleichzeitig umzusetzen. Gehen Sie schrittweise und nachhaltig vor. Greifen Sie einen Tipp heraus, der Ihnen besonders liegt, und setzen Sie diesen im Alltag um, so lange, bis er Teil Ihres Verhaltens wird. Sammeln Sie erste Erfahrungen und gestalten und formen Sie den Tipp Schritt für Schritt nach Ihren Bedürfnissen. Wenn Sie diesen ersten Tipp umgesetzt haben, gehen Sie zum zweiten über und setzen diesen um. Passen Sie die Tipps Ihren Bedürfnissen an, sodass Sie sich damit wohl und sicher fühlen.

Berichten Sie mir von Ihren Erlebnissen und Erfahrungen mit den zwölf Praxistipps. Vielleicht haben Sie weitere Erkenntnisse, die Sie teilen wollen. Schreiben Sie mir an folgende E-Mail Adresse: kurt@ueberzeugen.ch und besuchen Sie meine Webseite: www.ueberzeugen.ch.

Die 12 Tipps als Übersicht

Tipp 1: Haltung
Sie sind Ihre eigene kleine Werbeagentur.

Legen Sie Ihre Zurückhaltung ab und stehen Sie für sich und Ihre Anliegen ein. Sie sind Ihre eigene Werbeagentur, mit einer einzigen Mission: Ihre Anliegen kraftvoll zu vertreten.

Tipp 2: Wellenlänge
Sie können nur überzeugen, wenn Sie die gemeinsame Wellenlänge finden.

Die besten Argumente versagen, wenn es Ihnen nicht gelingt, mit der Person, die Sie überzeugen wollen, eine gemeinsame Wellenlänge zu finden. Die Wellenlänge ist genauso wichtig wie gute Argumente.

Tipp 3: Profiling
Sie können niemanden überzeugen, wenn Sie nicht wissen, was überzeugt.

Das Profiling zeigt Ihnen auf, was überzeugt. Es beantwortet folgende vier Fragen:

- Was ist die Wertehaltung der Person?
- Was sind ihre Lebensziele?
- Was sind ihre Wünsche und Bedürfnisse in Bezug auf Ihr Anliegen?
- Was sind ihre Bedenken in Bezug auf Ihr Anliegen?

Tipp 4: Mission Control
Sie können niemanden überzeugen, wenn Sie nicht wissen, was Sie wollen.

Mission Control ist ein Kompass für Ihr Gespräch, der Ihnen auch dann Orientierung gibt, wenn die Situation vernebelt ist. Der Kompass enthält folgende drei Aspekte:

- Was ist mein Anliegen?
- Was möchte ich im kommenden Gespräch erreichen?
- Wie verhalte ich mich?

Tipp 5: Schlüsselversprechen
Sie können niemanden überzeugen, wenn Sie nichts versprechen.

Diese drei Schlüsselversprechen bewegen die Waage der Entscheidung zu Ihren Gunsten:

- Zeigen Sie mit einem Versprechen den Nutzen Ihres Anliegens auf.
- Bauen Sie mit einem weiteren Versprechen die Barrieren ab.
- Appellieren Sie an die Wertehaltung.

Tipp 6: Touchpoints
Einmal ist keinmal. Nutzen Sie die Regel der 7 Kontakte.

Geben Sie nicht auf, wenn Sie nicht gleich Zustimmung erhalten. Der Weg zu einem Ja ist steinig und braucht mehrere Touchpoints und Pitches.

Tipp 7: Der Pitch
Bringen Sie es auf den Punkt.

Mit den drei Schritten dieser Technik können Sie in kurzer Zeit das Wesentliche Ihres Anliegens herausfiltern und damit überzeugen:

1. Sagen Sie, um was es geht.
2. Sagen Sie es.
3. Sagen Sie, um was es ging.

Tipp 8: Storytelling
Nichts ist so stark wie die Wahrheit. Besonders, wenn sie gut erzählt ist.

Sagen Sie nie die Unwahrheit. Sie verlieren damit das Wichtigste, was Sie haben, das Vertrauen. Die Wahrheit hat Kraft, vor allem, wenn Sie Bilder im Kopf der Zuhörer schaffen, die nachwirken.

Tipp 9: Überraschen Sie
Damit verschaffen Sie sich Gehör.

Wir können nicht anders, als bei Überraschungen aufzuhorchen. Diese Erkenntnis sollten Sie für sich nutzen, um für Ihr Anliegen Aufmerksamkeit zu schaffen.

Tipp 10: Einfachheit
Damit versteht man Sie.

Stellen Sie eine Sache so einfach dar wie möglich. Aber nicht einfacher.

Tipp 11: Gegenseitigkeit
Machen Sie Geschenke.

Wenn Sie jemandem ein kleines Geschenk machen, erhalten Sie meistens eines zurück. Diese Erkenntnis kann Wunder wirken, wenn Sie jemanden überzeugen wollen.

Tipp 12: Auswahl
Bieten Sie Alternativen und verhandeln Sie.

Die Menschen wollen einbezogen werden. Die Chance für Zustimmung steigt, wenn Sie eine Auswahl anbieten, im besten Fall die drei Optionen „laut, leise oder medium".

Wem ich danken möchte

Als mich Daniel Weder, damals CEO der Schweizer Flugsicherung Skyguide gebeten hat, einen Kommunikationsworkshop für Fluglotsen zu entwerfen und durchzuführen, wurde mir bewusst, wie sehr Kommunikation nun zu den erwarteten Fähigkeiten fast aller Berufe gehört. Ich habe für Skyguide dann den Workshop „Überzeugen im Business" entwickelt. Dieser Workshop bildete die Grundlage für dieses Buch. Ohne den Anstoß von Daniel Weder wäre dieses Buch nicht entstanden.

Danke Hanspeter Schmutz, Publizist, und Rolf Kühni, Theologe, meine beiden langjährigen Freunde, mit denen ich meine ersten, noch unreifen Erkenntnisse und Gedanken in ausgedehnten Spaziergängen testen und verbessern konnte. Danke auch meinem Freund und Unternehmer Tom Hanan, der mir erlaubt hat, die Praxistipps in seiner Firma, der Webrepublic, im Businessumfeld weiter zu entwickeln.

Patrick Kappeler, Schauspieler und Storyteller, hat den allerersten Entwurf des Buches gelesen. Damals war das noch ein nüchternes Rezeptbuch für Kommunikation. Er hat mir empfohlen, meine persönlichen Erfahrungen, Erfolge und Niederlagen in das Buch zu integrieren und an eigenen Beispielen aufzuzeigen, wie die 12 Praxistipps im Business umgesetzt werden können. Dadurch ist das Buch unterhaltender geworden.

Wem ich danken möchte

Ich bin meinem Freund, dem Physiker Jos Kohn, dankbar, dass er sich die Zeit genommen hat, das Manuskript auf logische Ungereimtheit zu untersuchen. Er hat mir wertvolle Impulse und Anregungen gegeben.

Mein Freund Mathis Brauchbar, Autor und Inhaber der Agentur Advocacy, hat mich dazu ermutigt, die 12 Praxistipps auch tatsächlich zu veröffentlichen und den Menschen zur Verfügung zu stellen und ihnen so zu helfen, ihre Anliegen besser und erfolgreicher zu vermitteln.

Prof. Dr. Torsten Tomczak, ein begnadeter Lehrer und Mentor, der den Best Teaching Award gewonnen hat, war mir ein Vorbild dafür, wie man Erkenntnisse so vermitteln kann, dass sie im Alltag leicht umgesetzt werden können. Er hat mich ebenfalls ermutigt, das Buch zu veröffentlichen. Aus den Gesprächen mit Sir Frank Lowe, Gründer von Lowe & Partners Worldwide, wurde mir klar, dass erfolgreiche Kommunikation weniger von der Qualität der Argumente abhängt als vielmehr von der Qualität der Beziehungen. Diese Erkenntnis hat mich tief geprägt und mein Denken verändert.

Thomas Vellacott, CEO von WWF Schweiz, war mir ein Vorbild, wie es ihm gelungen ist, die erst zurückhaltende Schweizer Finanzbranche für das Klima zu sensibilisieren und einen Verhaltenswandel auszulösen. Die monatlichen Gespräche mit ihm haben einen bleibenden Eindruck hinterlassen und kommen in angewandter Form im Buch zum Tragen.

Ein besonderer Dank gehört der Lektorin von Springer Gabler, Imke Sander und der freischaffenden Lektorin Anette Villnow. Sie haben das Manuskript mit einem klaren, frischen Blick lektoriert und das Buch lesbarer gemacht. Dank ihrer Arbeit ist das Buch besser geworden als der ursprüngliche Entwurf, leichter lesbar, befreit von jedem Ballast und auf den Punkt.

Danken möchte ich aber auch meinen Kundinnen und Kunden: Coca-Cola, Nestlé, Credit Suisse, Orange/Salt, Swissair, SBB, BMW, der Uhrenmanufaktur Jaeger-LeCoultre und Lange & Söhne, Agro-Marketing Suisse, Colgate, Valora, Biosuisse, Max Havelaar, Rivella, Globalance Bank, die ich über die Jahre beraten habe und so erkennen konnte, welche Strategien den Unterschied zwischen Erfolg und Misserfolg ausmachen.

Printed by Printforce, the Netherlands